행복
스트레스

행복 스트레스

행복은 어떻게
현대의 신화가 되었나

탁석산 지음

창비

행복이라는 거짓말

행복 때문에

불행한 사람들

/

사람들에게 "여러분, 왜 사나요?"라고 물으면 십중팔구 "행복해지기 위해서요"라는 대답이 돌아온다. 아마도 여기에 이의를 제기하는 사람은 드물 것이다. 그런데 이상하게도 이런 말도 같이 들려온다. "아무리 노력해도 행복하다고 느껴지지 않아요. 남들은 나를 보고 행복할 거라고 말할지 모르지만, 정말 행복한 걸까요?"

공부를 못하는 사람에게 공부는 힘들다. 반에서 1등 하기를 원하는 부모님의 바람을 잘 알고 있으나 아무리 노력해도 1등을 하지 못하면 스트레스를 받지 않을 수 없다. 직장생활도 마찬가지다. 승진을 잔뜩 기대하고 있는데 어떻게 될지 모른다면 역시 스트레스를 받을 것이다. 하지만 1등을 해도, 승진을 해도 스트레스가 사라지는 것은 아니다. 1등을 유지하는 것은 매우 어려울 뿐만 아니라 더 나아가 입시에 합격해야 한다는 스트레스가 기다리고 있다. 한 단계 승진을 해도 앞으로 부장, 이사, 사장 끝이 없다.

남이나 자신의 기대에 부응하지 못하는 상황에 맞닥뜨릴 때 사람들은 누구나 스트레스를 받게 마련이다. 공부, 승진, 돈, 외모, 젊음 등 마음대로 되지 않는 모든 것이 스트레스일 수 있다. 나는 이 항목에 하나를 더 추가하려고 한다. 바로 '행복 스트레스'다. 스트레스와 행복은 어울리지 않는 조합으로 여길 수도 있다. 행복이란 모든 스트레스에서 해방된 상태이거나 적어도 스트레스를 느끼지 않는 상태 아닌가. 하지만 조금만 돌아보면 우리 모두 '행복 스트레스'에 갇혀 있음을 확인할 수 있다.

사람들은 지금 이 순간의 행복을 잃어버릴까봐 불안해한다. 불안을 떨치기 위해 '행복은 마음에 달려 있다'고 아무리 생각하고 노력해도 마음먹은 대로 되지 않는다. 게다가 행복에 필요한 조선 중 어느 하나 만만한 것도 없다. 과연 이런 스트레스를 벗어날 수 있을지 의심이 들 정도다. 지금까지 이러한 스트레스를 해소하기 위한 여러가지 제안과 묘책 그리고 실천방법이 제시되었다. 그중 우리를 힘들게 하는 모든 것을 수단으로 여기는 게 가장 효과적인 해결책일 듯싶다. '너무 스트레스 받지 마세요. 공부라는 것도 결국 인생에서 하나의 수단입니다. 돈도 마찬가지예요. 돈 많다고 행복해지나요. 그렇지 않습니다. 미모도 예외가 아닙니다. 어떻게 가는 세월을 잡을 수 있겠습니까. 결국 외모도 한때의 경쟁력이고 수단일 뿐입니다'라는 충고에서 위안을 얻는 방법이다.

그런데 스트레스를 받는 게 행복 그 자체 때문이라면 이런 충고는 전혀 도움이 되지 않는다. 행복은 공부나 돈, 건강이나 승진과는 차원이 다르다. 행복은 수단이 아니라 인생의 목적이지 않은가. 행복을 한쪽으로 치운다면 목적을 버리는 것이 되고 말기 때문이다.

우리는 인생의 목적을 버릴 수 없기 때문에 행복해지는 걸 포기할 수 없다. 행복은 좀처럼 얻기 어렵고, 설사 얻었다 해도 지속하기에 매우 힘들다. 그뿐인가. 행복한 사람도, 행복하지 않은 사람도 모두 행복해야 한다고 외쳐댄다. '행복에 대한 강박'에 빠져 있는 이런 상황을 '행복 스트레스'가 아니면 달리 뭐라고 표현할 것인가. 과연 우리는 행복 스트레스에서 벗어날 수 있을까? 이 책은 이에 대한 탐색이다. 먼저 지금의 상황부터 살펴보자.

요즈음 이 땅의 젊은이들에게는 멘토가 넘쳐난다. 그들은 이렇게 말한다. "아프니까 청춘"이니 "청춘이여, 일단 시작하라!" 이 얼마나 근사한 말인가? 취업난에 허덕이는 젊은 층에게는 대기업만 고집하지 말고 중소기업에라도 들어가 일단 시작하라고 말한다. 청춘을 허비하느니 무엇이라도 시작하는 게 좋다는 조언일 것이다.

그런데 단군 이래 최고의 인재들이라고 불리는 젊은이들이 생각이 부족해 대기업만 고집하는 것일까? 그들은 중소기업에서 대기업으로 옮겨가는 것이 매우 힘들다는 것을 그 누구보다 잘 알고 있다. 대기업에는 신입지원자가 넘치고 자체 훈련제도도 잘 마련되어 있는데 무엇 때문에 중소기업 출신을 뽑겠는가. 요즘 "입석 3등칸"에 타면 쭉 그대로 서서 가게 된다. 그래서 아주 오래 기다려서라도 KTX를 타려고 하는 것이다. 3등칸에서 KTX로 쉽게 옮겨 탈 수 있다면 누가 그렇게 고생을 하겠는가.

이러한 말의 문제점은 또 있다. 젊은 사람들이 입석 3등칸에 타는 식으로 현실을 받아들이면 현실은 개선되지 않을 것이다. 그렇게 된다면 현상을 유지하면 되지 무슨 필요가 있어 사회 전체 씨스템에 대해 고민하겠는가. '아프니까 청춘'이 아니라, '회의하라 그래야 청춘이다'라는 말이 맞을 것이다.

각광받는 멘토 중에는 속세의 때가 묻지 않은 스님들도 있다. 그들이 내놓는 처방전은 일단 편안하다. 현세의 고통은 모두 마음에서 비롯되는 것이며, 그렇기 때문에 고통을 없애는 것도 마음먹기에 달려 있다는 것이 핵심이다. 그들은 또 세상일을 탓하는 것도 어리석은 짓이라고 말한다. 세상을 탓하기 전에 그 세상을 보는 자기 마음의 렌즈를 깨끗하게 닦아야 한다는 것이 그들의 가르침이다.

이런 입장이라면 사회 양극화도 젊은 사람의 일자리도 노후의 불안도 모두 부차적인 것이 되고 만다. 그런데 마음을 닦는 것은 우리 같은 약한 인간에게는 몹시 힘든 일이다. 평생 수행해서 성공한 사례는 부처 외에는 없지 않은가. 결국 마음의 렌즈는 죽을 때까지 닦아도 다 닦지 못한다.

세상 문제는 세상의 잣대로 세상의 방법으로 해결해야 한다. 내 마음이 쉬고 싶어도 세상은 나를 가만두지 않는다. 착하게 성실하게 살려고 해도 돌아오는 것은 부당함뿐이다. 이것이 현실이다. 힘든 사회현실은 "멈추면, 비로소 보이는 것"이 아니다. 멈추지 않아도 눈만 뜨면 보이는 것이다. 이런 현실을 괄호에 넣고 속 편하게 마음을 닦으면 세상이 달리 보인다고 말한다면 본의 아니게 현상유지에 일조하게 되는 것이다.

행복 상인의

장삿속

/

오늘날 행복을 말하는 것은 행복을 파는 것이다. 그리고 행복을 파는 것은 사실 텔레비전을 파는 것과 다르지 않다. 민주주의와 시장경제를 근간으로 하는 우리 사회는 모든 것을 개인을 기본 단위로 하고 시장이 모든 것을 자율적으로 조정한다고 주장한다. 행복도 예외가 아니다. 가난은 나라님도 구제하지 못한다는 옛말이 행복에도 그대로 적용되고 있다. 아무리 국가가 애를 써도 행복이란 결국 마음의 문제이며 마음은 개인이 알아서 다스리는 수밖에 없다는 것이다.

물론 일리가 있다. 행복이라는 상태는 개인의 마음에서 느껴지는 것이기 때문에 개인의 마음을 잘 닦아야 한다는 말은 맞다. 하지만 텔레비전 시청을 생각해보자. 텔레비전을 제대로 보려면 화면이 깨끗해야 한다. 하지만 아무리 화면을 깨끗하게 닦아놓아도 방송국에서 보내는 화면의 질이 엉망이라면 아무 소용도 없을 것이다.

반대편에서는 행복이 사회적인 것이라는 주장이 설득력을 얻어왔다. 프랑스혁명 이래 민주주의를 지지하는 대다수 사람들의 주장이다. 사회가 행복해지시 않는다면 개인은 결코 행복해질 수 없을 것이라고 강변하며 사회제도 개혁을 추진해온 것이다. 이 또한 일리가 있다. 예를 들어 양성평등은 행복에 중요한 요소인데 이런 문제가 개인적 차원에서 해결될 리 만무하기 때문이다.

하지만 동일한 사회적 상황에서도 개인은 각기 다른 반응을 보인다. 더 행복한 사람이 있는가 하면 덜 행복한 사람도 있다. 아무리 행복에 적절한 환경이나 조건이 마련되어도 개인의 성향이라든가 기질은 다양한 반응을 하게 되어 있다.

우리나라에서는 행복이 사회적이란 생각이 그리 강하지 않은 듯하다. 즉 외부적 조건이나 환경도 중요하지만 행복이란 결국 개인 마음의 문제라고 보려는 의식이 강하다. 이런 경향이 성공과 행복을 가르쳐주는 자기계발서를 베스트셀러로 만들었을 것이다. 여기에는 긍정심리학이 대세라는 요인도 작용했을 것이다.

나는 이 책에서 이러한 생각과 거리를 둘 작정이다. 행복의 개인적 측면보다는 사회적 측면을 조금 더 강조할 것이다. 하지만 사회적 조건을 바꿔야지만 개인이 행복해질 수 있다고 주장할 뜻은 없다. 나는 기존의 논의처럼 개인이냐 사회냐의 양분법을 택하는 대신 행복은 자신(개인), 이웃, 사회를 구성단위로 한다고 주장하려고 한다. 각각에 대해서는 제3부에서 상세하게 다룰 것이다.

/

국민행복시대의

국민행복

/

'행복'은 이제 정치권에도 스며들었다. 정치인들이 내세우는 말과 공약에 '행복'이 담기기 시작했다. 물론 행복이 무엇인지 선명히 드러나지는 않지만, 그럼에도 불구하고 우리는 어렴풋이 그 내용을 짐작할 수 있다. 즉 복지 확대, 일자리 창조, 소외계층 배려, 법치의 실현 같은 것이 아닐까.

국가든 종교단체든 사람들을 행복하게 만들겠다고 다짐을 하는 것은 그 자체로 의미있고 좋은 일이다. 문제는 행복이라는 것은 주관적인 면이 있기에 그 질(質)을 과연 어떻게 측정할 것이냐 하는 것이다. 행복을 국민소득 2만 달러처럼 숫자로 표현하기는 아무래도 힘들다. 개인마다 행복의 내용과 강도 그리고 질이 다르기 때문이다.

소득을 증대하고 일자리를 늘리고 복지를 확대하면 국민은 행복해지는가? 이런 식이라면 미국은 부자나라이니 행복의 나라여야 할 것이다. 결국 측정되는 것은 행복의 조건 중 껍데기에 불과한 것이다. 행복과 관련이 있지만 행복 자체는 아닐 것이다.

삶의 질을 측정하려는 노력의 최신판은 아바노 프랑스 대통령 싸르꼬지(Nicolas Sarkozy)의 지시로 노벨 경제학상 수상자인

조지프 스티글리츠(Joseph E. Stiglitz)를 위원장으로 하여 세계 각지의 전문가들이 참여하여 만든 '경제실적과 사회진보의 계측을 위한 위원회' 보고서일 것이다. 2009년에 발표된 이 보고서는 『GDP는 틀렸다』는 제목의 책으로 국내에 출간되었다. 번역서의 부제가 말해주듯이 '국민총행복'을 높이는 새로운 지수를 찾으려는 시도였다.

이 보고서는 한마디로 말하자면 삶의 질을 높이는 데 기여하는 지수를 찾는 것이다. 즉 삶의 질도 측정해보겠다는 것이다. 여기서는 삶의 질을 측정하는 데 필요한 기준을 제시하고 있다.

- 삶의 질은 사람들의 객관적인 조건과 능력에 달려 있다.
- 모든 측면을 망라한 삶의 질에 관한 지표는 포괄적인 방식으로 불평등성을 평가해야 한다.
- 삶의 질에 관한 통계조사는 다양한 영역들 사이의 연계를 평가할 수 있도록 설계되어야 한다. 또한, 여기서 얻은 정보는 다양한 분야에서 정책을 설계할 때 이용되어야 한다.
- 통계청은 삶의 질에 관한 여러 영역에 걸쳐 종합적인 정보를 제공하고, 그것을 통해 다양한 지표들이 구성될 수 있도록 해야 한다.
- 객관적 행복 지표와 주관적 행복 지표 모두 사람들의 삶의 질에 관한 중요한 정보를 제공한다.[1]

이와 같이 국민총행복을 측정하여 최대로 하겠다는 시도는 공리주의에서 비롯되었다. 잘 알려진 '최대 다수의 최대 행복'이 바로 그것이다. 그것을 보다 정교하게 지표로 제시하겠다는 노력이 그동안 꾸준히 시도되었고 싸르꼬지가 요구한 보고서가 최신판일 뿐이다. 그런데 기원을 밝히는 것만으로는 행복 문제가 해결되지 않는다. 현상을 넘어서 배후를 밝혀야 문제의 참모습이 보이는 법이다.

나는 행복은 공리주의에서 비롯되었지만 배후에는 민주주의, 개인주의 그리고 시장주의가 자리잡고 있다고 생각한다. 물론 공리주의도 여전히 배후에 있다. 서로 성격이 다른 네가지가 어떻게 행복이라는 개념에 영향을 미치고 상호작용을 통해 행복이라는 개념을 강화해왔는지 알게 되면 행복이 만만치 않은 문제라는 것을 체감하게 될 것이다.

싸르꼬지 보고서도 행복에 관한 내용이지만 정치, 경제 그리고 사회 문제가 모두 등장한다. 지속 가능한 개발과 환경 그리고 고전적인 GDP문제까지 다루고 있는데, 이것은 예외적인 것이 아니다. 당연히 다루어야 할 것을 다룬 것뿐이다. 하지만 배후를 보다 명확히 들여다보지 않았다는 데에 문제가 있다. 이 책은 배후를 조금 더 철저히 파헤쳐보려 한다.

/

행복에서

벗어나기

/

행복이라는 말 자체는 공리주의의 '최대 다수의 최대 행복'에서 비롯되었기에 역사가 길지 않다. 18세기에 만들어진 용어다. 그렇다면 18세기 이전 사람들은 행복하지 않았는가? 오늘날과 같은 의미의 행복이라는 말이 없었으므로 행복할 수 없지 않았을까? 하지만 18세기 이전 사람들도 살면서 즐거운 순간들은 있었을 것이다. 당연히.

사람들은 행복한 순간들이 쌓여서 행복한 인생을 만든다고 착각한다. 어느날 문득 거리에서 자신은 행복하다고 여기는 순간이 있고 또 어느 때에는 '아, 이것이 행복이야'라고 느끼는 순간도 있다. 원하던 대학에 합격한 순간, 어린 자식이 재롱을 떨 때, 뜻하지 않게 승진했을 때 등 모두가 행복한 순간들이다. 하지만 티끌 아무리 모아도 티끌이듯이 행복한 순간들이 모여서 행복한 인생이 되는 것은 아니다. 행복이란 소소한 일상에 있다거나 파랑새는 집에 있다거나 하는 이야기는 행복과 행복한 순간들을 구분하지 않은 탓에 생겨난 것이다.

「담배와 악마」라는 단편소설에서 아꾸따가와 류우노스께(芥川龍之介)는 선과 악은 짝이라고 말한다. "왜냐하면 서양의 신이 도래하는 것과 동시에 서양의 악마가 도래하는 것―서양의 선이 유입됨과 동시에 서양의 악이 수입되는 것은 극히 당연한 일이기 때문"이라는 것이다. 행복과 불행도 마찬가지다. 사람들은 보통 불행을 피하고 행복을 얻으려고 한다. 즉 불행 없이 행복만 갖고 싶은 것이다. 이것이 가능할까? 행불행이 섞여 있는 것이 인생이라고 말하지만 그래도 행복만 취하고 싶은 것이 사람의 마음일 것이다.

그런데 행복과 불행은 한 묶음이어서 하나를 취하면 반드시 다른 하나도 취할 수밖에 없는 것은 아닐까? 즉 불행이 없다면 행복도 없을 것이며 그 반대도 성립할 것이다. 그런 까닭에 사람들은 불행을 줄이고 행복을 늘리는 방법을 궁리한다. 그중 하나가 '최대 다수의 최대 행복'이다.

나는 이런 틀에서 벗어나는 것이 궁극적인 해결책이라 본다. 즉 행복이라는 개념에서 떠나면 불행에서도 동시에 떠날 수 있다고 생각한다. 행불행을 떠나 좋은 삶으로 옮겨가는 것이 더 낫다. 그럼 이제 행복해지기 위해서 행복에서 벗어나는 방법을 하나하나 살펴보자. 우리가 언제부터 행복이라는 말을 사용했는지, 왜 그토록 행복에 집착하는지, 그리고 행복이 어떻게 현대인을 지배하는 세속종교가 되었는지를 살피는 과정에서 우리가 추구해야 할 삶의 방향을 가늠해볼 수 있을 것이다.

차례

제 **1** 부

행복이라는
이상한 이름

행복은 이제 약국에서 쉽게 살 수 있는
소화제나 감기약처럼 취급받고 있다.
현대의 지배 이데올로기가 행복이라면
마땅히 철학은 행복에 대해
진지한 철학적 작업을 해야만 한다.
행복을 자기계발서의 일부로
남겨두어서도 안 되고,
길거리 쇼윈도우 위의 광고문구로
걸려 있게 해서도 안 된다.

01

잡다한 행복 상인들

/

행복을

철학하다

/

'부자 되세요'라는 말이 한때 우리 사회를 지배한 적이 있다. 물론 이 말은 지금도 흔히 사용한다. 최근에는 '행복하세요'라는 말을 더 자주 사용하는 듯하다. 행복해진다는 것은 부자가 되는 것을 포함하고 있다고 생각해서일까? 이제 행복은 우리 시대 최고의 가치가 되었다.

행복에 관한 목소리는 각계각층에서 울려퍼진다. 정치권에서는 '국민행복시대'를 외치고, 대학은 '학생행복대학'을 만들겠다고 한다. '행복의 정복'을 말하는 철학자가 있는가 하면, '행복의 지도'를 그리겠다며 전세계를 떠도는 기자도 있다. 누구나 행복하고 싶기에 행복해질 수 있는 방법이라면 그 무엇이든 주목을 끄는 것은 당연하다. 그런데 행복이 과연 우리가 추구할 삶의 목표일까? 그리고 행복이 인생 최고의 목표라는 데에 모두 동의하고, 행복해지는 방법에 대해 제각각 의견을 내놓는 현실은 또 어떻게 바라봐야 할까?

행복은 멀리 있지만, 행복을 알려주겠다는 사람은 우리 주변에 널려 있다. 주로 심리학자, 광고인 그리고 자칭 행복 전도사가 그들이다. 심리학자는 각종 실험 결과, 광고인은 눈길을 사로잡는 카피, 행복 전도사는 자신의 경험을 처방으로 제시한다. 그들은 공통적으로 '긍정적인 사고' '감사하는 마음' '웃음과 나눔' '비교하지 말기' 같은 것들을 처방으로 내놓는다. 그리고 자신의 방법을 따르면 행복해질 수 있다고 아무런 망설임 없이 외친다. 물론 이런 방법이 옳을 수도 있다. 경험은 항상 훌륭한 스승이므로 경험의 가르침을 외면해서는 안 된다.

하지만 철학자는 조금 다르다. 경험을 전적으로 믿지는 않는다. 존중은 하지만 이성의 힘도 동시에 신뢰한다. 아니 오히려 이성의 힘에 더 의존하는 사람이다. 철학자는 원래 상식을 의심하고 모든 것을 회의한다. 데까르뜨(R. Descartes)의 회의도 그런 종류의 것이다. 그는 심지어 악마가 우리 모두를 속일 수 있을 것이라는 가정도 했다. '1+1=2'라는 명제의 참도 의심한 것이다. 그런 철학자들이 이 시대의 화두인 행복에 대해 의심하고 회의하지 않는다면 이상한 일일 것이다. 그런데 이런 이상한 일이 꽤 오랫동안 지속되어온 것 같다. 러셀(B. Russell)이 『행복의 정복』을 쓴 것이 1930년대이니 꽤 오래전 일이고, 이 책역시 그후 다른 모든 철학자들의 행복 관련 글과 마찬가지로 불행한 이유의 분석과 행복해지는 방법을 제시하는 데 그친다. 행복 자체에 대한 의심과 회의는 전혀 나타나 있지 않다.

철학자들은 행복이라는 주제를 비교적 가볍게 다루는 경향이 있다. 마치 이런 주제는 수필의 주제 정도일 뿐 진지한 학문의 주제, 특히 철학의 주제는 아니라고 생각하는 듯하다. 다시 말해서, 행복이란 주제는 일선에서 물러난 철학 교수나 쓰는 주제처럼 보이고 이런 주제에 대해 글을 쓰면 세속적인 철학자로 보인다는 것이다. 하지만 정말 그럴까?

철학은 시대의 이데올로기와 벌이는 투쟁 속에서 자신을 키워왔다. 모두가 눈에 보이는 것에 빠져 있을 때 플라톤은 보이지 않는 이데아를 내세우며 정의를 주장했고, 서양사회가 신(神) 중심의 사고에 갇혀 있을 때 니체(F. Nietzsche)는 신의 죽음을 선언했다. 공자도 모두가 부국강병(富國强兵)을 꾀하는 춘추전국(春秋戰國)시대에 인(仁)과 예(禮)를 들고 나왔다.

이 시대의 가장 강고한 지배 이데올로기에 대한 비판과 진지한 고찰이 바로 철학이 해야 할 일이나. 철학은 항상 상식에 도전하면서 껍데기 밑에 있는 것을 추구해왔다. 눈에 보이는 현

상이 전부가 아니라 현상 너머에 무엇인가 진실이 있다는 자세를 지켜왔다. 물론 이런 자세가 본질주의라고 비판받은 면도 있지만 지배 이데올로기를 의심하고 회의하면서 진리를 찾아가는 것이 철학의 기본 임무라는 점은 변함이 없을 것이다.

현대의 지배 이데올로기가 행복이라면 마땅히 철학은 행복에 대해 진지한 철학적 작업을 해야만 한다. 행복을 자기계발서의 일부로 남겨두어서도 안 되고, 길거리 쇼윈도우 위의 광고문구로 걸려 있게 해서도 안 된다. 그럼 철학적 작업에 앞서 우리 시대에 가장 앞장서서 행복에 대한 이야기를 만들어내는 심리학자들이 어떤 결과물을 내는지부터 살펴보자.

/

심리학자의

처방전

/

심리학자가 행복에 대해 말할 수 있는 유일한 방법은 실험이다. 심리학이란 실험에 기초한 경험과학이기 때문이다. 당연히 누가 얼마나 믿을 만한 방법으로 실험을 했느냐에 따라 그 결과의 신뢰도가 결정된다. 그런 까닭에 우리는 '어떤 연구소가 얼마 동안 누구를 대상으로 어떤 방식으로 실험한 결과, 다음과 같은 놀라운 결과를 얻었다'라는 연구 결과를 흔히 보게 된다. 행복에 관해서는 유난히 많은 실험이 이뤄지고 있다. 거의 매일 신문이나 텔레비전 방송에서 행복과 관련된 기사를 볼 수 있으며, 책도 예외는 아니다. 얼마나 많은 책이 실험 결과를 바탕으로 쏟아져나오고 있는가. 대표적인 예로 리처드 스코시(Richard Schoch)의 『행복은 어디에 있는가』라는 책을 보자.

10년 전, 행동 과학자, 신경학자, 심리학자들(프린스턴대학의 한 노벨상 수상자를 포함)이 모여 행복의 지수를 측정하고 행복의 원인을 규명하려는 실험을 진행했다. (…) 그렇다면 이 실험 결과는 어땠을까? (…) 행복하게 사는 방법은 아주 간단하다. 집에서 그리 멀지 않은 안정적인 일터에서 즐겁게 일하고 동료들과 한잔 걸친 후 집에 가서 섹스하는 것! 행복의 비밀은 바로 여기에 있었다![1]

노벨상 수상자도 포함되어 있다는 이 실험의 결과가 옳다면 행복하기란 정말로 아주 간단하다. 역시 행복은 멀리 있는 것이 아니라 사소해 보이는 일상에 있는 것인가. 하지만 이 결과를 받아들인다 해도 행복해지기란 그리 쉬운 일이 아니다. 개인이 해결할 수 없는 사회적 차원의 문제가 감춰져 있기 때문이다. 그 이유를 살펴보자.

우선 "그리 멀지 않은" 곳에 일터가 있어야 한다. 심리학자들은 출퇴근에 소요되는 시간이 두시간을 넘으면 별로 행복하

제1부 행복이라는 이상한 이름

지 않다고 말한다. 그런데 누가 먼 곳으로 출퇴근하고 싶겠는가. 가까운 곳에 집을 얻을 형편이 안 되기 때문에 못 얻는 것이다. 그리 멀지 않은 곳에 일터가 있으려면 돈이 충분히 있거나 자신이 원하는 직장을 고를 수 있는 능력이 있어야 한다. 이 문제가 마음 다스리기로 해결될 수 있다고 생각하는 사람은 그리 많지 않을 것이다.

다음으로 "안정적인 일터"가 있어야 한다. 요즘은 일터 자체를 구하기가 힘들다. 그런데 그냥 일터도 아니고 안정적인 일터가 필요하다고 한다. 정규직인데다 정년을 보장하는 직장이 있어야 한다는 것인데, 이 역시 개인이 해결하기에는 역부족이다. 행복이 사소한 데에 있다고 실업자들에게 말할 수 있을까? 만약 말한다면 실업자는 사소한 것 좀 해결해달라고 말할 것이다.

다음으로는 "즐겁게 일"하는 것이다. 이것은 개인적인 영역으로 보인다. 즐겁게 일하는 것은 마음먹기에 달린 것 아닌가. 같은 환경인데도 항상 불평만 늘어놓는 사람이 있는 것이 현실이다. 하지만 직장의 근무조건과 근로환경은 일차적으로 사회적 문제다. 근무조건이 사회적 문제이기에 각종 근로 관련법이 있는 것이다. 비인간적인 대우를 받는데도 불구하고 즐겁게 일하라고 말할 수는 없지 않은가. 예를 들어 식사시간도 제대로 지켜지지 않는 일터에서 즐겁게 일할 수는 없을 것이다.

이것으로 행복의 소선이 만족되는 것은 아니나. 두가시가 남아 있다. 하나는 "동료들과 한잔 걸"치는 것이다. 이것만큼은 사회적 문제로 보이지 않는다. 마음에 맞는 동료와 일이 끝난 후 한잔 마시는 것까지 사회적이라고 말하는 것은 지나쳐 보인다. 심리학자들이 사람 사이의 관계가 중요하다고 강조하는 대목은 바로 이 부분일 것이다. 익히 아는 것처럼 직장동료와 어떤 관계를 맺느냐는 행복의 척도에서 아주 중요하다. 하지만 동료들과 한잔할 여유가 있으려면 "그리 멀지 않은 안정적인 일터"라는 조건이 먼저 충족되어야 한다. 전적으로 개인적인 문제라고 할 수는 없는 것이다. 적어도 일자리가 있어야 동료도 있을 수 있다.

다음으로 "집에 가서 섹스하는 것"인데 섹스 역시 개인적인 일로 보인다. 하지만 요즘은 섹스가 정신적인 면에 크게 영향을 받는다는 연구 결과가 많이 있다. 스트레스로 인해 현대인의 섹스는 원활하지 못하다는 것인데, 스트레스는 주로 사회적인 문제에서 기인한다. 직장·돈·경쟁·환경 같은 문제는 개인을 넘어서는 것이다. 다시 말해서, 섹스에도 사회적인 요인들이 스며들었다는 뜻이다.

일부 심리학자들은 이와 같은 실험을 많이 한다. 그리고 모두 알고 있는 사실을 대단한 발견인 양 부풀려 내놓는다. 그들이 내놓는 해결책은 누구나 할 수 있는 손쉬운 것이라는 인상을 풍긴다. 그런데 조금만 자세히 들여다보면 "행복하게 사는 방법은 아주 간단"하지 않다는 것을 알 수 있다. 물론 행복을 느끼는 주체는 개인이기에 개인적 성향과 선택이 중요하다는

제1부 행복이라는 이상한 이름

것을 부인할 수는 없다. 하지만 앞에서 살펴본 바와 같이 행복은 개인적이라기보다 훨씬 더 사회적인 문제다. 그럼에도 불구하고 여전히 행복이 개인적 차원의 문제라고 주장하는 한 무리가 있는데, 바로 좋은 기분이 행복을 만든다고 소리쳐대는 '잡다한 행복 상인들'이다. 이들의 주장은 심리학자에 비해 훨씬 더 일상생활에 맞닿아 있는 것처럼 느껴진다.

/

행복 치료제를
팔다

/

오늘도 어김없이 행복 비법을 전하는 사람들이 텔레비전 아침 방송에 등장한다. 하나같이 자신있는 표정과 태도로 자신만의 노하우를 열심히 늘어놓는다. 우선 재미있다. 일상의 이야기를 옆집 아줌마나 아저씨처럼 푸근하게 풀어놓는다. 그들이 제시하는 행복 비법은 구체적이기까지 하다. 감사의 일기를 써보라, 감사하다는 말을 소리내 해보라, 남의 말을 잘 들어라, 남을 위해 시간을 써라 등 자신의 경험을 바탕으로 실감나게 들려준다.

텔레비전 방송은 행복 전문 강사들이 활동하는 극히 작은 영역에 불과하다. 그들은 기업과 대학을 가리지 않고 사람들이 모여 있는 곳이면 어디든지 찾아간다. 전국을 돌면서 강연을 하고, 사람들의 고민을 수집해 책을 쓴다. 서점에 가면 이들이 쓴 행복에 관한 책이 거의 매일 쏟아져나오는 것처럼 보인다. 방송과 책을 통해 알게 되는 행복 전문 강사만 해도 적은 수가 아니다. 하나의 산업이 된 것이다. 행복 전문 강사들이 스스로를 행복 전도사, 행복 상인이라 부르는 것도 틀린 말이 아닌 셈이다. 리처드 스코시는 "행복은 유망 성장산업 중 하나가 되었다. 자기계발서의 1년 매출액은 10억 달러며, 지구촌 항우울제 시장은 놀랍게도 170억 달러에 육박한다"[2]라고 말한다. 행복은 이제 약국에서 쉽게 살 수 있는 소화제나 감기약처럼 취급받고 있다.

행복 상인들의 주장에는 두가지 특징이 있다. 우선 그들은 당신도 할 수 있다고 주장한다. 즉 행복이란 하늘에서 저절로 떨어지는 것이 아니라 노력해서 얻는 것이라고 강조한다. 또 아무리 사소해 보여도 배워서 의도적으로 노력을 해야 행복해진다고 한다. 행복해서 웃는 것이 아니라 웃으면 행복해진다고 말하면서 환하게 웃는 방법도 가르쳐준다. 이렇게 열심히 전국민을 상대로 행복을 강의하는데, 행복은 노력하면 얻을 수 있다는데, 왜 행복하다고 하는 사람은 드문 걸까? 사람들이 그다지 행복해 보이지 않는 걸 보면 이런 방법이 별로 효과가 없는 모양이다. 소화제가 아무리 많고 성능이 좋다고 해도 여전히 소화제가 잘 팔리고 있는 것을 보면 소화는 단순히 약으로 해결할 수 있는 문제가 아닌 듯하다. 행복 상인에게도 같은 말을 할 수 있을 것이다. 즉 노력해서 되지 않는 근본적인 것이 있다고.

다른 하나의 특징은 심리학자와 마찬가지로 개인적인 차원으로 행복을 다룬다는 것이다. 행복 상인들이 비정규직을 철폐해야 우리가 행복해질 수 있다든가 노동을 상품화하는 자본주의를 개선해야 한다든가 하는 사회적 주장을 하는 일은 거의 없다. 아마도 전혀 없을 것이다. 모든 것은 개인적 차원으로 다루어진다. 불행하다면 그것은 개인의 문제라는 것이다. 마음먹기에 달린 것인데 사람들은 그것을 깨닫지 못하고 있으며, 깨달았다 해도 실천하지 않기 때문에 불행하다고 말한다. 이런 분위기 속에서 사람들은 자신이 행복하지 않으면 그것은 자신의 책임 혹은 잘못이라고 생각하기 쉽다.

경제적으로 윤택하고 삶의 질이 높아 전국민이 행복할 것으로 여겨지는 스위스 같은 나라에서도 마찬가지다. 에릭 와이너 (Eric Weiner)의 『행복의 지도』라는 책을 보자.

어쩌면 행복한 사람들에게 둘러싸여 있다는 사실이 때로 절망의 진짜 원인이 되는 건지도 모른다. 스위스의 유명한 저술가인 프란츠 홀러는 내게 이런 말을 했다. "만약 내가 행복하지 않다면 나는 이런 생각을 할 겁니다. 젠장, 주위의 모든 것이 아름답고 제대로 돌아가는데, 나는 도대체 왜 행복하지 않지? 내 어디가 잘못된 거야?"[3]

행복하지 않다면 자신의 어디가 잘못되었을 수도 있겠지만 그에 못지않게 사회적인 문제에서 비롯된 경우도 많을 것이다. 앞서 심리학자의 사례에서 본 바와 같다.

우리가 심리학자와 행복 상인이 내놓는 치료제를 먹고도 행복하지 않은 데는 분명한 이유가 있다. 그들은 행복에는 개인적 차원과 사회적 차원이 혼합되어 있으며 그 혼합은 쉽게 분별할 수 없을 정도로 아주 세밀하게 진행되고 있다는 점을 놓치고 있다. 그동안의 행복론은 이 혼합에 주의하지 않았다. 행복을 개인적 차원으로 여겼고 마침내는 마음의 문제로 환원해버렸다. 하지만 아무리 환원하려 해도 사회적 차원은 환원되지 않고 남는다.

대학등록금을 못 내서 사채를 쓰게 되고 그로 인해 죽음을 선택하는 사람, 평생 일한 직장에서 쫓겨난 후 황혼이혼의 아픔을 겪는 사람, 오로지 돈 때문에 사랑하는 사람을 떠나보내야 하는 사람 앞에서 행복이 마음의 문제라고 말하는 것은 무책임하지 않은가. 에릭 와이너도 행복은 우리 내면이 아니라 바깥에 있다고 말한다.

내가 행복하지 않다면, 그건 내가 마음을 아주 깊이 파헤쳐보지 않았기 때문이라는 게 그들의 충고다. 자기계발 산업의 이 가르침이 너무나 깊이 머릿속에 각인되어 있기 때문에 이제는 당연한 이치처럼 보일 지경이다. 문제는 하나뿐이다. 이 가르침이 진실이 아니라는 것. 행복은 우리 내면이 아니라 저 바깥에 있다. 아니 좀더 정확히 말하자면, 저 바깥과 이 안쪽을 가르는 선은 우리 생각만큼 선명하지 않다.[4]

에릭 와이너는 행복이 우리 내면이 아니라 바깥에 있다고 하면서도 그 경계가 선명하지 않다고 말한다. 즉 분별하기 어려울 정도로 섞여 있다는 말일 것이다. 나는 행복의 실체를 확인하기 위해 우리 마음의 내면과 바깥 모두 살펴보려고 한다. 그리고 그 경계가 왜 선명하지 않은지도 밝히고자 한다. 정신과 육체를 두부모 자르듯 할 수 없는 것처럼 행복을 둘러싼 안과 밖도 우리가 생각하는 것처럼 쉽게 구별되지 않는다. 행복을 제대로 알기 위해서는 가장 먼저 행복이란 개념 자체에 도전하지 않을 수 없다. 행복이라는 말은 언제부터 쓰이게 되었는가? 그리고 행복의 정의는 무엇인가? 과연 정의될 수 있는가?

"보다 큰 행복을 위해 미래에 투자하세요."

많이 들어본 말일 것이다.

우리는 저것보다 이것이 더 큰

행복을 준다는 말을 흔히 듣는다.

행복이 계산 가능하다고 여기는 것이다.

행복을 측정할 수 있다는 신화는

언제부터 생겨났을까?

그리고 행복을 측정하는 기준은 무엇인가?

02

우리는 언제부터 행복을 원했을까

/

행복을

발명하다

/

　행복이란 말은 너무나 일상적이어서 아주 오래전부터 있었던 말로 생각하기 쉽다. 게다가 많은 전문가들이 인류가 행복을 추구해왔다는 것을 의심 없이 전파해왔기 때문에 동서고금을 막론하고 두루 사용해왔다고 믿기 쉽다. 하지만 행복이라는 말을 지금처럼 사용한 것은 서양의 역사에서도 200년 정도밖에 되지 않는다. 인류의 긴 역사를 생각해보면 행복은 비교적 낯선 단어라고 할 수 있다. 동아시아에서도 마찬가지다. 행복이라는 말은 동양 고전에 으레 등장할 것으로 생각하기 쉬운데, 사실이 아니다. '행복'은 메이지유신(明治維新) 때 일본이 만들어낸 신조어에 불과하다. 다시 말해서, 그전에는 한국·중국·일본에 행복이라는 말은 없었다. 이에 대해 일본 전문가인 나까자와(中沢新一)와 가와이(河合準雄)는 다음과 같이 말한다.

나까자와 '행복'(幸福)이라는 단어는 메이지시대 이후부터 쓰였습니다.

가와이 그렇겠지요.

나까자와 '행'(幸)이라는 단어와 '복'(福)이라는 단어를 합성해서 '행복'이라고 한 셈이지요. 일본어에는 영어의 'happiness'나 프랑스어의 'bonheur'에 해당하는 단어가 없어 번역상 이런 합성어가 필요했던 것 같습니다.

가와이 없었죠.

나까자와 'bonheur'는 '행복'이라는 뜻의 프랑스어인데, 'bon'과 'heur'의 합성어이므로 '좋은 때'라는 의미지요. 운이 좋아 '멋진 때'를 만들고 '그때를 잘 포착해서 행복해진다'라는 의미겠지요. 영어의 'happy'도 대개 비슷한 의미입니다.[1]

행복이라는 말이 메이지유신 이후에 쓰이기 시작했다면 1860년대 이후에 사용되었다고 보이는데 대략 150년 정도 된

제1부 행복이라는 이상한 이름

셈이다. 그렇게 오랜 역사가 아니다. 그렇다면 왜 메이지유신 때 일본은 '행'과 '복'을 합하여 '행복'이라는 말을 억지로 만들었을까? 그것은 벤섬(J. Bentham)의 '최대 다수의 최대 행복'을 번역하면서 빚어진 일이라고 한다. 즉 '최대 행복'의 행복인 'happiness'를 옮길 적절한 말이 없었기에 신조어를 만들어낼 수밖에 없었던 것이다.

그렇다면 한국에서 행복이라는 말은 언제부터 쓰였을까? 최초 등장 시기를 정확하게 알 수는 없지만 1886년 10월 4일자 『한성주보』 기사에서 행복이라는 말을 확인할 수 있다. "바라건대, 귀 대신(大臣)은 반드시 최선을 다하여 처리해주십시오. 날로 행복하시기를 빕니다"로 되어 있기에 지금의 뜻과 별반 차이가 없어 보인다. 그리고 『한성주보』 1887년 2월 28일자 기사에도 "중국인의 행복이 되는 것은 중국·미국 양국도 시기를 해소하고 화목함을 항상 두텁게 할 수 있을 것이다"라는 표현이 등장한다. 이로 보아 행복은 1880년대 후반 한국에서도 사용된 것으로 생각된다. 일본에서 만들어진 신조어가 20여 년 후에 한국에서 쓰였다고 할 수 있다. 이렇게 따지면 한국에서 행복이란 말이 쓰인 것은 130여 년 정도 된 셈이다.

그럼 서양에서는 행복이 언제부터 지금과 같은 뜻으로 쓰이게 되었는가? 서양도 사정이 별로 다르지 않다. 앞서 말한 바와 같이 2세기 정도 되었을 뿐이다. 그럼 그전에는 'happiness'란 단어가 없었는가? 그런 것은 아니고 의미가 바뀌었을 뿐이다.

벤섬,

행복을 정의하다

/

요즘에는 'happiness'란 말을 즐거운 마음이라든가 만족한 상태라든가 하는 뜻으로 사용하지 운(運)과 연결지어 생각하는 사람은 별로 없다. 하지만 이 단어를 사전에서 찾아보면 (1) 행복, 만족, 기쁨 (2) 행운(good luck)이라고 나온다. 즉 만족, 기쁨이라는 뜻과 함께 '행운'이라는 의미를 달고 있다. 원래 '행복'은 행운이라는 뜻을 갖고 있었기 때문이다.

이러한 사실은 오랫동안 행복을 운이나 운명과 연결시키는 생각에 일조했다. 이런 연계는 기원전 5세기 이후 급속히 퍼졌으며, 어떤 면에서는 오늘날까지도 지속되고 있다. 실제로 모든 인도—유럽계 언어에서는 오늘날의 행복이라는 단어가 운, 행운, 운명이라는 말들과 어원이 같다. 예를 들면 '행복'의 어원은 올드 잉글리시와 미들 잉글리시의 '해프'(happ)로, 세상에서 일어나는 기회와 행운을 의미한다. 여기서 파생되는 단어들이 '우연한 일' '우연' '불운한' 그리고 '아마도' 등이다. 프랑스어의 행복(bonheur)이라는 단어도 이와 비슷하게 좋은(bon)이라는 단어와 옛 프랑스어의 행운 또는 운(heur)이라는 단어에서 기원한다. 이는 중세 고지독일어

(高地獨逸語)의 '글뤽'(Glück)의 어원 설명과도 완벽하게 일치하는 것으로, 행복과 운을 뜻하는 독일어이다. (…) 인도-유럽어 계통에서는 행복은 기회라는 토양에 깊이 뿌리내리고 있다는 것이다.[2]

이런 의미, 즉 행복은 행운이라는 의미가 지금처럼 바뀌게 된 것은 벤섬이 1789년에 출간한 『도덕과 입법의 원리에 관한 서설』에서 그 유명한 '최대 다수의 최대 행복'을 주장하면서부터이다. 이 책에서 벤섬은 '최대 행복'이라는 표현에서 '행복'을 '쾌락'과 동일한 의미로 사용했다. 이러한 의미 전환은 당시에 당연히 매우 낯선 것이기에 프랑스혁명 말기에 활약한 정치가인 쌩쥐스뜨(Saint-Just)도 "유럽의 새로운 사상"이라고 말한 바 있다.

행복을 행운이 아니라 쾌락이라고 정의한 벤섬의 목표는 개인의 행복 증진을 위해 정부가 무엇을 해야 할지를 제시하는 것이었다. 그리고 이 작업의 결과는 정부가 '최대 다수의 최대 행복'을 위해 일해야만 한다는 것이었다. 물론 그는 행복을 쾌락으로 정의하면서 최대 행복을 계산하는 기준도 제시했다. 그의 행복 계산 기준은 지금까지도 영향을 크게 미치고 있기에 조금 더 살펴볼 필요가 있다.

그는 인간이 고통을 피하고 쾌락을 추구하는 존재라고 본다. 인간은 누구나 최대의 쾌락을 추구하는 존재라는 것이다. 이것이 벤섬이 주장하는 핵심이자 전부이다. 그 이상은 없다. 그는 다음과 같이 말한다.

> 자연은 인류를 고통과 쾌락이라는 두 군주의 지배하에 두었다. 우리가 무엇을 하게 될 것인지를 결정하는 것은 물론, 우리가 무엇을 해야 할까를 지시하는 것도 오로지 이 두 군주에 달려 있다. 한편에서는 선악의 기준이 그리고 다른 한편에서는 인과의 사슬이 이 옥좌에 걸려 있다. 고통과 쾌락은 우리들이 행하고, 말하고, 생각하는 모든 것을 지배하고 있으며 우리가 이러한 종속을 벗어나려고 아무리 노력해도 그 종속을 증명하고 확인하는 데 그칠 뿐이다. (…) 공리성의 원리는 그와 같은 종속을 승인하고 그것을 사상체계의 기초로 삼는 것이다.[3]

인간이 고통과 쾌락의 지배하에 있다면 자연스럽게 쾌락을 증대시키려 노력할 것이다. 그는 이런 이치를 공리성이라고 부른다. 공리성의 원리에 대해 다음과 같이 말한다.

> 공리성의 원리란 어떤 행동이 관련 당사자들의 행복을 증대시키느냐 감소시키는 것처럼 보이느냐에 따라, 다시 말해 행복을 촉진하는가 저해하는가에 따라 모든 행위를 시인하거나 부인하는 원리를 말한다. 나는 어떠한 종류를 막론하고

모든 행동이라고 말했다. 따라서 개인의 모든 행동뿐만이 아니라 정부의 시책에 대해서도 이 원리는 적용된다.[4]

벤섬에 의해 행복은 이제 쾌락을 의미하게 되었고, 이에 그치지 않고 '최대 다수의 최대 행복'을 핵심으로 하는 공리주의가 탄생했다. 즉 벤섬은 한 단어가 이런 뜻 저런 뜻으로 쓰인다는 차원이 아니라 핵심단어를 통해 전혀 새로운 사상을 등장시킨 것이다. 오늘날 흔히 사용하는 '최대 다수의 최대 행복'이라는 표현을 옛날식으로 해석하자면 '최대 다수의 최대 행운'이 될 것이다. 이런 오해를 피하기 위해서 그는 쾌락과 고통의 원리와 함께 공리성을 제시함으로써 행복이 행운이 아니라 쾌락임을 분명히 했다.

보통 어떤 단어의 어원을 추적하는 일은 별로 소득이 없다. 어원과는 관계없이 다른 뜻으로 쓰이는 경우가 대다수이기 때문이다. 행복도 그중 하나다. 원래의 뜻은 사라지고 벤섬이 새롭게 정의한 행복이 주류를 이루게 되었다. '최대 다수의 최대 행복'이 그 예이다.

/

행복을

측정하려는 이유

/

벤섬이 남긴 영향은 크게 두가지다. '최대 다수의 최대 행복'
이라는 원리는 우선 행복의 양화(量化)라는 유산을 남겼다. 즉
행복을 계산할 수 있는 것으로 여기게 되었다는 것이다. 행복
을 쾌락으로 정의한다 해도 쾌락에는 정신적 쾌락과 감각적 쾌
락이 있다. 전통적으로 정신적 쾌락은 감각적 쾌락보다 우월한
것으로 여겨져왔으나 벤섬은 이런 차이를 전혀 인정하지 않는
다. 양자 사이에는 아무런 질적 차이가 없으며, 그저 모두 쾌락
이라는 것이다.

쾌락의 양적 차이만 강조하는 이런 태도는 곧 밀(J. S. Mill)에
의해 반격을 받았다. 만족한 돼지보다 불만족한 소크라테스가
되라는 주장이 바로 그것이다. 밀은 행복을 추구하려면 행복
외에 다른 곳에 목표를 두라고 권했다. 밀이 보기에 행복한 사
람은 "행복 그 자체보다 다른 목적, 즉 다른 사람의 행복, 인류
의 발전과 진보, 또는 예술적 가치를 추구하지만, 그것을 수단
으로서가 아니라 그 자체를 하나의 이상적 목표로 추구하는 사
람들이었다. 즉 인간은 행복 외에 다른 곳에 목표를 두고 추구
하는 과정에서 행복을 찾는다고 본 것이다".[5]

그렇다고 해도 벤섬이 제시한 행복을 계산할 수 있다는 개념

"보다 큰 행복을 위해 미래에 투자하세요."

오늘날 우리는 행복은 당연히 계산 가능하다고 믿는다.

은 지금까지 영향력을 잃지 않고 있다. 우리는 이것이 저것보다 더 큰 행복을 준다는 말을 흔히 듣는다. "보다 큰 행복을 위해 미래에 투자하세요." 많이 들어본 말일 것이다. 여전히 '보다 큰'이라는 말을 행복 앞에 붙인다. 행복이 계산 가능하다고 여기는 것이다.

그럼 어떤 기준으로 행복을 계산할 수 있는가? 즉 어떤 행복이 더 크다고 판단할 수 있는가? 여기에 대해 벤섬은 일곱가지 기준을 제시한다.

첫째는 강도(intensity)인데 행위가 가져오는 쾌락의 농도를 이야기하는 것이며, 둘째는 쾌락이 얼마나 지속하느냐 하는 지속성(duration)이며, 셋째는 얼마나 쾌락을 기대할 수 있는가 하는 쾌락의 확실성(certainty)이며, 넷째는 예상되는 쾌락을 언제 획득할 수 있는가 하는 근접성(propinquity)이며, 다섯째는 지금 누리고 있는 쾌락이 또다른 쾌락을 가져올 수 있는가 하는 다산성(fecundity)이고, 여섯째는 현재 누리고 있는 쾌락 속에 고통의 여지는 없는가 하는 순수성(purity)이고, 마지막 일곱째는 쾌락의 범위(extent)로서 내가 느끼는 쾌락을 나 이외에 얼마나 많은 사람이 누릴 수 있는가 하는 것이다.[6]

꽤 정교하게 기준을 제시한 셈이다. 그도 행복, 즉 쾌락의 양화가 쉽지 않다는 것을 알고 있었던 것 같다. 계산 기준이 매우

제1부 행복이라는 이상한 이름

구체적일 뿐 아니라 마지막 기준은 자신이 아니라 남을 기준으로 삼고 있다는 점에서 윤리적인 문제도 염두에 둔 것으로 보인다.

하지만 이런 기준은 사실 무용한 것이다. 왜냐하면 일곱가지 기준끼리 충돌하면 어떤 기준이 우선하는가 하는 문제를 해결할 수 없기 때문이다. 강하고 짧은 쾌락과 약하고 긴 쾌락 중 어느 것을 택해야 하는가? 강도와 지속성이란 두가지 기준이 충돌할 때 어떤 해법이 있는가? 이런 문제를 해결하려면 일곱가지 기준을 통일하는 상위 기준이 있어야 한다. 그것은 무엇인가? 벤섬은 이에 대해 말하지 않았다. 벤섬이 제시한 기준은 길이의 단위와 무게의 단위를 제시한 것에 지나지 않는다. 즉 센티미터와 킬로그램을 기준이라고 제시하고 길이와 무게 중 어느 것이 더 비중이 있는가 하는 문제에 대해서는 침묵한 것과 마찬가지다.

길이와 무게를 한가지 단위로 통일해 계산할 방법은 없다. 그럼에도 불구하고 행복의 계산 가능성, 즉 양화는 지금까지도 크나큰 영향을 끼치고 있다. 이 시대의 우리는 말로는 행복은 마음에 달려 있다고 하면서도 아파트 평수와 통장 잔고로 자신의 행복을 측정하고 있다. 노후에 몇억은 있어야 살 수 있다는 말도 행복을 계산할 수 있다는 것을 전제로 한다.

벤섬은 행복이 계산 가능하다고 주장함으로써 인류 역사에 새로운 장을 열었다 해도 과언은 아닐 것이다. 모든 행복을 계산할 때 가장 적절한 수단으로 여겨지는 돈의 위력을 예고하는 것이기도 하다. 돈은 숫자이며 숫자는 최고의 추상화이기 때문이다. 이 점은 7장에서 좀더 자세히 다룰 것이다.

벤섬이 우리에게 끼친 영향은 이것만이 아니다. 벤섬이 공리주의를 주장한 데에는 정부의 시책을 바꾸고자 하는 의도가 깔려 있다. '최대 다수의 최대 행복'이라는 말 자체가 정부에 해당하는 것이다. 물론 개인도 최대 행복을 추구해야 한다고 말한다. 하지만 최대 다수가 붙는다면 개인 차원을 넘어서는 것이다.

어떤 정책이 있다고 하자. 이때 '최대 다수의 최대 행복'을 들고 나온다면 어떤 방법으로 셈할 것인가? 최대 다수는 민주주의를 적용해 모두를 평등하게 보고 다수결을 적용하는 것으로 해석한다고 해도, 최대 행복은 각 개인의 행복을 계산할 수 있어야 하는데 앞에서 본 바와 같이 그것은 거의 불가능한 일이다. 따라서 공리주의를 정부 시책에 적용한다면 최대 다수에만 초점을 맞출 가능성이 높다. 다수결은 말 그대로 다수의 의견에 따라 결정하면 되는 것이므로 쉽게 계산할 수 있지만 개인의 행복은 계산하기가 매우 어렵기 때문이다.

공리주의가 민주주의라는 제도를 만났을 때 생기는 문제는 바로 이 지점에서 나타난다. 최대 다수만을 기준으로 삼는다면 소수의 행복이 설 자리를 잃게 된다. 즉 다수의 횡포로 인해 정의의 문제가 발생한다. 그럼에도 불구하고 정책은 보통 '최대 다수의 최대 행복'이라는 원리에 따라 채택된다. 적어도 명분상 그렇다는 것이다.

쉬운 예로 무상급식이나 무상교육을 확대하는 문제가 제기되면 재원과 형평성 등을 고려하지만 결국에는 가장 많은 사람들이 가장 많이 혜택을 보는 쪽으로 결론이 날 가능성이 높다. 민주주의 시대이므로 주요정책은 투표로 결정되며, 투표는 다수결의 원칙에 따라 진행되기 때문이다. 아파트 분양가 상한제를 철폐할 것인가 하는 문제에도 '최대 다수의 최대 행복'이 적용될 것이다. 분배 정의나 물가 폭등 등이 쟁점으로 등장하겠지만 이 문제 역시 가장 많은 사람에게 가장 많은 혜택이 돌아가야 한다는 원칙에서 벗어날 수는 없을 것이다.

벤섬은 법학자였고 그는 사회 전체를 변화시키는 데 큰 관심이 있었다. 『도덕과 입법의 원리에 관한 서설』이라는 그의 책이름에서도 짐작할 수 있듯이, 그 책은 도덕과 입법에 관한 것이었다. 여기에서 입법에 주목해보자. 입법은 명백히 사회 전체와 연관된 것이다. 행복이라는 말도 이런 맥락에서 이해해야한다. 즉 행복은 개인적인 차원뿐만 아니라 사회적 차원의 문제다.

우리나라 헌법에 행복추구권이 있는 것도 우연이 아니다. 사람들은 헌법의 행복추구권에 대해 열띤 토론을 하다가도 혼자 있을 때에는 행복이 마음에 달려 있다고 생각한다. 사회적 차원과 개인적 차원이 따로 놀고 있는 것이다.

벤섬은 인간은 고통을 피하고 쾌락을 추구하며, 쾌락이 곧 행복이라는 전제로 개인적 차원과 사회적 차원을 통합했다. 나는 통합에는 동의하지 않지만 행복이 사회적 차원에서 다루어져야 한다는 그의 주장에는 동의한다. 즉 개인적 차원과 함께 사회적 차원을 고려해야만 행복에 대해 제대로 파악할 수 있다고 생각한다.

벤섬이 주장한 공리주의는 사회적으로 홀로 작동하지 않는다. '최대 다수의 최대 행복'이라는 원리만 가지고 지금의 행복을 설명할 수 없다. 출발은 공리주의에서 했다. 앞에서 본 바와 같이 행복이라는 말을 행운이 아니라 쾌락으로 받아들이게 한 것은 벤섬이 처음이다. 이에 그치지 않고 그는 행복을 인간의 유일한 행동원리로 삼아 그것을 계산 가능하다고 주장하고 또한 사회적 문제라는 것을 주장했다.

하지만 공리주의는 홀로 강해진 것이 아니다. 제2부에서 자세히 살펴보겠지만 공리주의는 민주주의, 개인주의, 시장주의 등과 결합해서 작동한다. 그렇게 간단하지도 않을뿐더러 서로가 영향을 끼치면서 얽혀 있기에 그 위력도 대단하다. 행복이 세속종교가 된 것은 현대를 규정짓는 여러가지 사조와 결합한 결과다.

행복의 기반을 이루는 여러가지 '주의'를 살펴보기 전에 과연 행복이 어떻게 정의되는지, 아니면 정의될 수 있는지를 먼저 살펴보기로 하자. 행복이 개인적이라면 사회적 정의는 별로

제1부 행복이라는 이상한 이름

의미가 없을 것이며, 사회적으로 정의될 수 있다면 과연 그것이 개인에게 해당될 것인지 의심이 가기 때문이다. 그리고 행복에 대한 정의를 둘러싼 논쟁 자체가 행복의 성격을 잘 드러내주기 때문이다.

행복을 의심하라!

이 지고의 가치가 사실은

텅 빈 개념일 수 있고

필요에 따라 악용될 수 있으며

이것 때문에 인생이 헛수고로 끝날 수도

있다는 데 그 심각함이 있다.

누구나 행복을 외치지만

어느 누구도 행복이 무엇인지

제대로 말하지 못하는 상황을 의심하라.

03
행복이라는 이상한 개념

/

행복은

개인적 취향인가

/

유럽에 처음 행복이 등장했을 때에는 '새로운 사상'으로 보였지만 곧 행복이 무엇인지에 대해 논의가 전개되었다. 초창기에는 역시 혼란스러웠던 것 같다. 프랑스혁명기의 쌩쥐스뜨는 행복을 여러가지 속성으로 정의하려 했다. 그는 "우리는 스파르타와 아테네 황금기의 행복을, 미덕과 안락과 중용의 행복을, 과하지 않게 필요한 것을 즐기는 데서 나오는 행복을, 압제자를 증오하는 행복을, 오두막에서 느끼는 즐거움의 행복을,

손수 경작한 비옥한 들판의 행복을 그대들에게 제안했다. 우리는 평온함과 자유로움의 행복을 민중에게 제안했다"[1]라는 말로 행복을 파악하려 했다. 이런 식의 늘어놓기는 지금도 흔하다. 사람들은 행복에 대해 사소하고 일상적인 것들을 나열한다. 비 내리는 오후의 커피 한잔, 모처럼 만난 친구들과의 수다, 첫 월급의 기쁨 등 얼마든지 열거할 수 있다. 그리고 이런 순간들을 모아 전문적으로 소개하는 잡지도 있다. 이런 식의 열거는 행복한 시간이나 순간들이라고 말할 수는 있으나 행복의 정의와는 거리가 멀다.

행복은 '무엇이 아니다'라는 식으로 정의할 수도 있을 것이다. 루쏘는 "내 영혼이 갈망하는 행복은 스쳐 지나가는 덧없는 순간들이 아니라, 유일하고 지속되는 상태에 의해 만들어지는 것이다"[2]라고 말한다. 유일하고 지속되는 상태의 행복을 만들어줄 수 있는 장치를 제안하기도 했다. 그가 염두에 둔 것은 정치적 연합이었다. 즉 개인적인 순간들이 아니라 정치적 연합이 지속적인 행복을 만들어준다고 주장한다. 행복을 사회적인 차원에서 정의하고 있다.

하지만 대개는 개인적 차원의 행복 정의가 주된 흐름을 이루고 있다. 행복은 개인적인 것으로 각 개인에 따라 다르기 때문에 정의를 내리기 불가능하다는 입장이 그것이다. 이런 입장은 지금도 유효하다. 프랑스혁명기의 라 메뜨리(La Mettri)는 돼지도 나름 행복하다고 말한다.

제1부 행복이라는 이상한 이름

"행복에 관한 한, 선악 그 자체는 무관한 것이다. 선을 행하면서 그다지 만족하지 않는 사람보다, 악을 행하면서 더 만족하는 사람이 행복할 것이다. (…) 행복이란 개인적이고 유별한 것으로, 미덕의 부재, 심지어 죄악 속에서도 찾을 수 있는 것이다." 같은 책 『행복론』의 후반부에서, 라 메뜨리는 더욱 솔직하다. "(…) 돼지처럼 진흙탕에서 뒹굴어보라. 그러면 그 나름대로 행복할 것이다."[3]

사람들은 흔히 쾌락을 말하면서 선이라는 울타리를 치고자 한다. 즉 즐거움도 선에 속할 때 비로소 즐거움이 된다는 것이다. 그것은 18세기에도 다르지 않았을 것이다. 인간은 윤리적 존재라는 의식이 깊게 배어 있었기 때문이다. 하지만 라 메뜨리의 주장에서 보듯이 18세기에 이미 쾌락은 죄악 속에서도 찾을 수 있다는 흐름이 존재했다. 즉 "인간을 행복하게 하는 것은 인간을 선하게 하는 것과는 아주 다른 것이다"[4]라는 칸트의 주장이 작동하고 있다는 것이다.

윤리적 틀 속에 행복을 가두려는 노력은 지금도 계속되고 있고, 개인적인 취향이 다른 만큼 저마다 생각하는 행복의 의미도 다르다는 주장이 여전히 유효하다. 그런데 이런 입장은 행복에 대한 정의를 어렵게 한다. 프로이트도 이 점을 인정한다.

"돼지처럼 진흙탕에서 뒹굴어보라.

그러면 그 나름대로 행복할 것이다."

프로이트는 "행복이란 (…) 본질적으로 주관적인 그 무엇이다"라며 "어떤 상황—고대 갤리선의 노예, 30년 전쟁 중의 농부, 종교재판의 희생자, 대학살을 대면하고 있는 유대인들—에서 야기되는 공포가 우리를 얼마나 두려움에 떨게 하든" 그들이 겪는 기쁨과 고통을 알기 위해, "우리가 그들과 같은 상황이 되어 느낀다는 것은 불가능하다"라고 주장했다. 만약 이렇게 슬픈 경우들에서도 행복하다는 생각을 가질 수 있다면, 어떻게 행복의 역사에 대해 쓸 수 있길 바라겠는가? 프로이트는 "이 문제를 더이상 연구하는 것은 별로 쓸모가 없어 보인다"라고 결론지었다.[5]

이쯤 되면 행복에 대한 정의를 내리기가 불가능한 것이 아닌가 하는 생각이 든다. 행복은 개인적 취향처럼 각 개인마다 다르며, 심지어 악행 속에서도 찾을 수 있다면 행복에 대해 어떤 정의를 내릴 수 있을까? 그럼에도 불구하고 행복에 대한 정의를 우리는 가끔 발견한다.

/

행복은

관계에 있다

/

행복에 대한 교과서가 있다면 행복의 정의를 확인하기란 정말 쉬울 것이다. 행복전성시대이니만큼 당연하게도 『행복교과서』라는 책이 있다. 중학생을 대상으로 하는 이 책은 행복은 배워야 하는 것이라는 전제를 갖고 행복해지는 구체적인 방법을 알려준다. 물론 행복의 정의도 등장한다. "행복은 바로 마음이 즐거움과 의미, 그리고 몰입으로 가득한 상태이다"[6]라고 말한다. 즉 즐거움, 의미, 몰입으로 행복을 정의하고 있다. 행복의 정의를 확인하는 것만으로도 저절로 행복한 기분이 들게 한다. 그럼에도 행복의 정의로서 충분하지 않은 듯하다. 행복해지기 위해서는 세가지 조건 모두 충족해야 하는지 아니면 셋 중 하나만 갖추면 되는지 분명하지 않기 때문이다.

그것만이 아니다. "즐거움"에 어떤 전제나 제한도 없다. 악행이어도 즐겁기만 하면 되는지를 전혀 다루지 않는다. 막연하게 그리고 당연하게 악은 배제한다는 입장을 취하는 것으로 보인다. 이런 식의 정의가 유효하지 않다는 것은 명백하다. "의미"도 마찬가지다. 어떤 개인에게 의미있는 것이면 충분하다는 것인가? 아마도 그렇지는 않을 것이다. 『행복교과서』의 정의는 만족스럽지 못하다. 그럼 다른 정의는 없는가? 사전에는 좀더

제1부 행복이라는 이상한 이름

분명하게 밝혀놓았을 법도 하다. 우리나라의 사전과 우리와 전혀 다를 것 같은 문화권의 사전을 살펴보자. 국립국어원이 정리한 『표준국어대사전』과 『쏘비에뜨대백과사전』에는 다음과 같은 행복의 정의가 실려 있다.

> 행복(幸福) 〔1〕 복된 좋은 운수 〔2〕 생활에서 충분한 만족과 기쁨을 느끼어 흐뭇함. 또는 그러한 상태.
> 행복(Happiness) 자신의 존재조건에 대한 최대의 내면적 만족으로 충만하고, 의미있는 삶과 자기 삶의 목적 실현에 부응하는 존재상태에 대한 인간 정신의 의식.[7]

『표준국어대사전』은 개인의 감정상태의 측면에서 극히 상식적으로 행복을 정의하고 있다. 반면 『쏘비에뜨대백과사전』에서 행복은 내면적 만족, 인간 정신의 의식으로 정의되어 있다. 만족이나 의식이 인간 내면에 속하는 것이기에 『행복교과서』처럼 즐거움이나 의미로 정의하는 것과 다를 바는 없다.

그런데 『쏘비에뜨대백과사전』의 정의는 행복을 즐거움으로 정의하는 것보다 한결 어렵다. "자신의 존재조건에 대한 최대의 내면적 만족"이라는 말이 무슨 뜻인가? 우선 "자신의 존재조건"이라는 말이 무엇을 뜻하는지는 진지한 철학적 문제로 보인다. 게다가 "의미있는 삶과 자기 삶의 목적 실현에 부응하는 존재상태"는 개인적인 것으로 제각기 다를 수밖에 없다. 의미있는 삶이 무엇인지뿐만 아니라 자기 삶의 목적 또한 제각기 다를 것이기 때문이다. 이런 정의는 앞서 『행복교과서』의 정의에서 말한 문제점을 그대로 갖고 있기에 만족스러운 정의가 될 수 없다. 이런 식이라면 『행복교과서』의 정의가 훨씬 이해하기 쉬울지 모른다.

사전의 정의로도 만족할 수 없다면 행복에 대한 정의는 불가능한가? 개인적 차원에서 다룬다면 그렇다고 말할 수 있다. 그렇다면 경험적 조사를 통해 정의를 시도하면 어떠한가? 즉 많은 사람을 만나서 행복에 대해 조사하여 귀납적으로 결론을 이끌어낼 수도 있지 않을까? 어차피 개인은 모두 다르고 심지어는 상반된 상황에서도 즐거움을 느낄 수 있다면 그 방식을 포기하고 사람들이 어떤 조건에서 행복을 느끼는지 조사하는 편이 더 좋을 것 같다. 바로 이런 방식으로 접근하는 무리가 심리학자들이다. 그리고 심리학자의 결론이 얼마나 사회적인가는 앞에서 이미 보았다.

그런데 경험적 방식을 따르면서도 실험이 아니라 직접 여러 나라 사람들 특히 행복 전문가들을 만난 기록이 있다. 10개국을 돌면서 사람들에게 행복에 대해서 묻고 따져본 기록인 『행복의 지도』는 그 결과를 다음과 같이 밝히고 있다.

내가 가본 모든 곳, 내가 만난 모든 사람 중에서 자꾸만 떠오르는 것이 하나 있다. 부탄의 학자이자 암을 이기고 살아

남은 사람인 카르마 우라. "개인적인 행복이라는 건 존재하지 않습니다. 행복은 철저히 관계 속에 존재해요." 그는 내게 이렇게 말했다. 그때 나는 이 말을 액면 그대로 받아들이지 않았다. 그가 다른 사람들과의 관계가 생각보다 중요하다는 점을 강조하려고 일부러 과장된 표현을 쓴다고 생각했다. 하지만 지금은 카르마가 정말 문자 그대로의 의미로 그 말을 했음을 안다. 우리의 행복은 전적으로, 철저히 다른 사람들과 관련되어 있다. 가족, 친구, 이웃, 게다가 우리가 존재를 알아차리지 못하는 사무실 청소부까지도 모두. 행복은 명사도, 동사도 아니다. 접속사다. 연결 조직.[8]

관계가 행복의 핵심이라는 주장은 전혀 새롭지 않다. 『행복 교과서』에도 행복은 '사이'에 있다고 말하고 있을 정도다. 문제는 이런 시도가 행복의 정의를 밝히는 데 별 도움이 되지 않는다는 것이다. 행복은 관계에 있다. 그렇다고 하자. 즉 개인적인 행복은 없고 사람들 사이에 존재한다고 하자. 그렇다면 관계의 어떤 속성이 우리를 행복하게 해주는가? 관계가 가져다주는 즐거움, 흐뭇함, 함께한다는 느낌 등 어떤 것이 우리를 행복하게 해주는지에 대해서는 아무 말도 하지 않는다. 단지 행복을 찾으려면 자신 속에서만 찾지 말고 사람들과의 관계 속에서 찾으라고 알려줄 따름이다. 즉 행복이 무엇인지 말해주는 것이 아니라 행복은 어디에 있는가를 말해주는 것뿐이다. 따라서 행복의 정의는 아니다.

그럼 행복의 정의는 무엇인가? 단순히 개인적인 것은 아니다. 그렇다고 관계에 있는 것도 아니다. '과연 행복을 정의할 수 있는가?' 하는 물음이 여전히 남는다.

/

행복이라는

이상한 이름

/

칸트의 말처럼 "행복의 개념은 아주 불명확한 것이어서, 모두들 행복을 얻고자 하면서도 정작 자신이 진정 원하고 의도하는 게 무엇인지 그 누구도 명확하고 일관되게 말할 수 없다"[9]면 이러한 행복이라는 것을 우리가 추구해야 하는가? 또 행복을 정의하는 것은 프로이트의 주장대로 불가능하고 쓸모없어 보이기도 한다.

하지만 그렇기에 더더욱 우리는 행복을 의심해야만 한다. 우리에게 너무나 친숙한 이 행복이라는 말이 사실은 정체를 알 수 없는 이상한 말인지 아닌지를. 행복은 만들어진 지 200년밖에 되지 않은 말이며 쾌락과 동일한 말로 만들어졌지만 사람들은 아직도 행복에 대한 명확한 정의를 갖고 있지 않다. 더 큰 문제는 우리가 행복이 의심스러운 말이라는 것을 전혀 눈치채지 못하고 있다는 것이다.

행복이라는 말을 사용하면서 우리는 도대체 무슨 의미를 서로 주고받을까? 사실은 서로 다른 뜻으로 행복을 이야기하면서 나와 상대의 행복을 비교하거나, 나의 행복을 상대에게 강요하는 건 아닐까. 이것이 개인 간의 일에 그친다면 크게 신경쓸 것은 없다. 그러나 행복은 처음 만들어질 때부터 정부를 겨냥한 개념이었고 지금도 마찬가지다. 행복은 이 시대의 지고(至高)의 가치가 아닌가! 이 지고의 가치가 사실은 텅 빈 개념일 수 있고 필요에 따라 악용될 수 있으며 또 이것 때문에 인생이 헛수고로 끝날 수도 있다는 데 그 심각함이 있다.

누구나 행복을 외치지만 어느 누구도 행복이 무엇인지 제대로 말하지 못하는 상황을 인정해야 한다. 행복해지기 위해 행복 스트레스를 받는 현실을 그냥 내버려둬서는 안 된다. 왜 그런 현상이 벌어지고 있으며, 그 원인 혹은 배경이 무엇인지를 알아야만 한다. 그렇게 해야만 우리는 행복에 현혹되지 않고 좋은 삶을 찾을 수 있다.

개인의 바깥에는 문화·환경 등 시대조건이 있다. 시대조건은 개인의 내면에 깊이 영향을 끼친다. 내가 고려시대에 살았다면 나의 내면 풍경은 지금과는 비교할 수 없을 정도로 달랐을 것이다. 행복은 특히 시대의 산물이기에 더욱더 시대조건을 살필 수밖에 없다. 나는 공리주의, 민주주의, 개인주의, 시장주의가 행복의 시대조건이라고 생각한다. 어떻게 이런 시대조건이 행복이라는 개념을 만들고 확대시켰는가, 그리고 우리의 삶에 어떤 영향을 끼쳤고 끼치고 있는가를 탐구하지 않고는 행복이라는 개념을 이해하기 어려울 것이다. 행복이 배양되어온 조건과 원리를 알게 된다면 행복해지는 방법도 알 수 있을 것이다.

제 **2** 부

행복 신화를
만든 것들

"우리는 행복할 수 있고,

행복할 것이며,

행복해야 한다.

우리는 행복할 권리는 갖는다."

계몽주의자들의 이런 생각의 전환이

행복이 세속종교가 되는 길을 열어놓았다.

그런데 이것이 전부가 아니다.

행복의 배후에는 현대의 거의 모든 나라가

행복을 추구하게 만든

거대한 흐름이 존재한다.

04

왜 모두 행복을 추구하는가

/

행복은 어떻게

세속종교가 되었나

/

'OK'는 전세계적으로 통하는 말이다. 여행할 때 돈과 여권
이 있고 자신있게 '오케이'를 할 줄 알면 된다는 말도 있다. 오
케이도 고저장단에 따라 여러가지로 쓰인다. 오케이는 간단한
의사소통에 가장 잘 통하는 말인데, 오케이만큼 널리 쓰이는
말은 또 있다. 그건 아마도 '해피'일 것이다. 'Happy Birthday
to You' 'Happy New Year' 심지어 'Happy Sad' 'Happy Point'
까지, '해피'가 무슨 뜻인지 정확히는 몰라도 어느 나라에서나

통한다. 해피는 어떻게 이렇게 거의 모든 나라 사람들이 이해하는 말이 됐을까?

오늘날 우리는 가능한 한 최선의 세상에서 모든 인간은 행복할 자격이 있다고 생각하지 않는가? 행복은 우리의 삶, 사랑, 일, 놀이, 병, 건강 등 어디에고 편재하는 힘을 갖고 있다. 우리가 분명히 알 수 없기에 그만큼 더 강력한 그 힘, 우리가 계획한 욕망을 견지하며 자신을 구현하려는 변화무쌍한 그 힘 말이다. 철학자 빠스깔 브뤼끄네르(Pascal Bruckner)는 행복이 '우리 민주주의의 유일한 지평선'이 됐다고 적절하게 표현했는데, 이는 대다수의 사람들에게 만물의 척도로 작용하는 통찰력이다. 현대의 여명기를 즈음하여 대부분의 남녀들에게 하느님이 행복이었던 것에 반하여, 그 이후로는 행복이 우리의 신이 되었다.[1]

분명히 알 수 없기에 더 큰 힘이 된 행복은 빠스깔의 말대로 하느님을 대신하여 현대에는 신으로 군림하고 있다. 그 바탕에는 우리 모두가 행복할 자격이 있다는 생각이 깔려 있다. 누구나 노력하면 행복해질 수 있다는 믿음이 그것이다. 이런 믿음은 하느님을 믿던 시절에도 있지 않았는가 하는 의문을 품을지 모른다. 물론 그때는 노력하면 신의 '은총'을 얻을 수 있다고 생각했을 것이다. 하지만 은총을 내리는 최종 주체는 신이다.

제2부 행복 신화를 만든 것들

아무리 인간이 노력해도 신이 외면할 가능성은 항상 존재하게 마련이다. 행복은 이와 다른 것으로 여겨졌다. 신이 내려주는 것이 아니라 인간이 노력하면 얻을 수 있는 것으로 인식되었다. 이런 인식은 계몽주의에서 비롯되었다.

계몽사조는 오랫동안 지속되어온 이 개념을 근본적으로 바꾸어, 행복을 이 지상의 삶에서 모든 인간이 열망할 수 있는 무언가로 여기게 만들었다. 인간성에서 기본적으로 빠진 행복이란 신의 선물도 아니고 운명의 술수도 아니며, 예외적인 행위에 대한 보상도 아니고, 남녀노소 모두 원칙적으로 획득할 수 있는, 인간에게 부여된 당연한 것이었다. 계몽주의자들은 실로 인간이 불행한 곳에서는 뭔가 잘못된 것이 있다고 주장했다. 즉 신념이나 정부 형태, 삶의 조건, 관습이나 또는 다른 어디에서든 잘못된 게 있고, 이러한 것들을 바꾸면—우리 자신을 바꾸면—당연히 의도하는 대로 실제로 행복을 이룰 수 있다는 것이다. 계몽주의적 시각에서 보면 행복이란 신과 같은 완전성에 대한 이상향이라기보다는 지금 여기, 현세에서 추구하고 달성할 수 있는 자명한 진실이었다.[2]

계몽주의에 의해 인간은 자신에게서 불행의 원인을 찾고, 노력을 통해 지상의 행복을 찾게 되었다. 물론 계몽주의 이후에

낭만주의가 일어나 그런 태도를 부인하기도 했으나 "우리는 행복할 수 있고, 행복할 것이며, 행복해야 한다. 우리는 행복할 권리를 갖는다"는 신념은 변하지 않았다. 이런 외침은 지금도 아주 흔히 들을 수 있지 않은가.

계몽주의자들의 이런 생각의 전환이 행복이 세속종교가 되는 길을 열어놓았다. 그렇다면 어떻게 행복해질 수 있는가? 계몽주의자들은 우리의 불행은 뭔가 잘못된 것에서 비롯되는데, 그것이 어떤 종류의 것이든 고치면 된다고 말한다. "신념이나 정부 형태, 삶의 조건, 관습이나 또는 다른 어디에서든 잘못된" 것들이 이에 해당한다. 이제는 인간이 하는 모든 것이 불행의 원인일 수 있게 되었다. 이 주장이 옳다면 우리는 정부 형태를 결정짓는 정치, 삶의 조건에 관여하는 경제, 관습을 지배하는 사회, 신념을 이끄는 철학 등 모든 분야를 샅샅이 조사해야만 한다. 그리하여 우리를 불행하게 만드는 요소가 있다면 제거하고, 우리를 행복하게 만드는 조건이 있다면 북돋워야 한다. 그렇게 해야만 우리는 행복할 수 있다.

계몽주의는 행복이 우리를 둘러싼 모든 것에 관계한다는 점을 분명히 했다. 내부의 신념이든 외부의 정부 형태든 우리는 행복을 위해서라면 그 모든 것과 맞서야 한다는 사실을 깨닫게 해주었다. 즉 계몽주의가 행복이라는 세속종교의 기반을 놓은 것은 틀림없는 사실이다.

/

행복지상주의를
만든 생각들

/

2장에서 공리주의가 행복을 처음 만들어냈다고 했고, 바로 앞에서 계몽주의가 행복을 세속종교로 만드는 기반을 제공했다고 말했다. 그럼에도 왜 현대의 거의 모든 나라가 행복을 추구하는지에 대한 의문은 풀리지 않는다. 공리주의가 전세계로 퍼진 것인가 아니면 계몽주의의 영향으로 행복을 당연한 권리로 여기게 된 것인가. 좀더 구체적으로 살펴보자.

오늘날 민주주의와 자본주의라는 정치적 이념 뒤에 자신의 모습을 감추고 현세를 은밀히 주도하고 있는 것은 다름 아닌 공리주의며, 이 공리주의는 우리의 귀에 자기 이익의 추구와 윤리적 삶이 다르지 않다고 속삭이며 우리 마음에 도사리고 있는 편협한 자기 이익의 추구를 부추겨 우리의 삶을 더욱 각박하게 만들어가고 있다. 그러나 공리주의가 꿈꾸는 자기 이익의 추구가 윤리적 삶이 되기 위해서는 정의 역시 쾌락, 즉 행복만큼이나 본래적으로 선한 것이라는 사실을 인정하는 지혜가 필요하다.[3]

공리주의가 민주주의와 자본주의 뒤에서 은밀히 현세를 주도하고 있으며, 행복을 간판으로 내세우는 공리주의가 단순한 구호에 머물지 않고 현실의 제도를 통해 단단한 기반을 내리고 있다는 것이다. 그들이 내세우는 구호는 이런 것들이다. "모두가 행복을 추구한다" "최대 다수의 최대 행복이 정부정책의 원리가 되어야 한다" "행복은 쾌락으로 양화될 수 있다" "우리는 행복할 수 있고 행복해야 한다" 등. 이런 믿음과 원리는 제도를 통하지 않고서는 확산되거나 강화될 수 없다. 나는 공리주의가 민주주의, 개인주의, 시장주의와 결합하여 지금의 행복지상주의를 만들어냈다고 생각한다.

민주주의를 살피기에 앞서 개인주의가 행복 조성에 일조했을 것이라는 점은 쉽게 짐작할 수 있다. 많은 사람들이 '행복은 결국 개인의 문제'로 여기고 있기 때문이다. 이것으로 개인주의와 행복의 관계가 모두 해명된다면 우리는 행복이 무엇이고 왜 불행한지에 대해 여전히 의아해할 수밖에 없다. 중요하게 살펴봐야 할 것은 개인주의가 우리의 불행에 깊숙이 관여하고 있다는 점이다. 잠시 우리의 일상을 들여다보자.

퇴근길 지하철 안, 앉은 사람이나 서 있는 사람이나 스마트폰을 보느라 정신이 없다. 옆에서 무슨 일이 벌어지고 있는지는 관심이 없어 보인다. 스마트폰 액정 위의 세계가 전부인 것 같다. 사람들은 블로그와 SNS 등을 활용해 만남을 갖는다. 문자를 주고받고 사진을 보내고 받기도 한다. 네트워크를 통해 수많은 사람들을 만난다고 여기지만 그 관계는 추상화된 것이다. 대개는 체온도 표정도 미묘한 냄새도 맡을 수 없는 추상화된 그림일 뿐이다. 7장에서 자세히 살펴보겠지만 추상화는 개인을 불행하게 만든다. 오늘날 사람들은 그런 추상화된 관계에 의존해서 살아가고 있다. 개인주의가 우리를 어떻게 불행하게 만드는지 알지 않고는 행복해지는 방법도 알 수 없을 것이다.

그런데 우리의 행복과 불행에 깊게 관여하는 이 개인주의는 민주주의와 밀접한 관련이 있다. 이렇게 말한다면 개인주의와 민주주의의 관련성은 둘째치고 민주주의와 행복이 무슨 상관이 있는지에 대한 의문부터 들 것이다. 예를 들어 부탄왕국은 민주주의가 별로 발전되지 않은 나라인데 그 나라 사람들은 우리보다 덜 행복한가 하면 그렇지 않다. 통계에 따르면 훨씬 행복하다고 한다. 즉 독재체제에서도 사람들은 얼마든지 행복할 수 있는 것이다. 그렇다면 민주주의와 행복은 관련이 없다고 해야 하지 않을까. 나 역시 민주주의 국가에 사는 사람이 전체주의 국가에 사는 사람보다 더 행복하다는 따위의 주장을 할 생각은 없다. 다만 민주주의라는 정치제도는 생각보다 훨씬 더 우리의 행복에 관여하고 있다는 말을 하려는 것이다. 그것은 민주주의에서 빼놓을 수 없는 개념인 평등 때문이다.

민주주의는 평등을 토대로 한다. 그리고 민주주의의 평등 개념은 개인주의와 시장주의가 널리 퍼지는 데 큰 공헌을 했다. 귀족이 사라진 평등의 시대에 사람들은 무엇으로 자신을 남과 구별짓는가. 옛날 귀족은 혈통에 의한 것이었기에 새삼 자신을 증명할 필요가 없지만 민주주의 시대에는 기본적으로 모든 사람은 평등한 개인이다. 그럼에도 남과 구별짓기를 원하는 본능은 사라지지 않았다. 따라서 사람들은 눈에 보이는 것으로 자신을 돋보이게 하려 한다. 명품 백도 그중 하나다. 하지만 명품 백이 우리를 행복하게 해주는가? 소비와 민주주의는 이렇게 연결된다. 그리고 누구나 다 알듯이 내가 원하는 물건을 갖는 것은 행복과 관련이 있고, 구별짓기는 행복과 더욱더 관련이 있다.

시장주의는 자본주의의 다른 말이라고 할 수 있는데 행복과 관련해 얼핏 이해가 되는 개념이다. 요즘 행복과 돈의 관계에 대해 부인하는 사람은 거의 없을 것이다. 심지어 돈이 행복을 가져다주지 않는다는 주장으로 돈을 버는 세상이다. 행복은 우리 가까이 있고 물질에 있지 않다고 이야기하는 인기 강사는 강의가 끝나면 비싼 외제차를 타고 사라진다.

돈이 많을수록 행복에 가까워진다는 것을 누구나 받아들이고 있는 시대이기에 시장주의와 행복의 관계는 새삼 말할 필요가 없어 보이기도 한다. 사실 사람들은 돈은 적당하게 있으면 된다는 타협안으로 서로 체면을 세우고 있다. 즉 돈이 행복을 보장하지는 않지만 돈 없으면 행복하지도 않다고 생각한다. 행복은 시장주의와 관련이 깊다고 말할 수밖에 없다.

일생 동안 한 직장에서 일하고 월급을 받아온 사람이 퇴직했을 때를 생각해보자. 그동안 열심히 일하고 착실하게 저축을

한 덕에 노후의 돈 걱정은 없다고 하자. 그럼에도 불구하고 이 사람은 뭔가 허전하고 껍데기만 남은 자신을 발견할 것이다. 행복하다고 애써 자위해보지만 내면은 그렇지 않다. 무엇이 잘 못되었을까? 그것은 노동까지도 상품화하는 시장주의에 원인이 있다. 시장주의는 우리의 모든 것을 상품화한다. 상품가치를 따지고 경쟁력을 역설하며 효율성을 떠받든다. 그런 모든 것을 양화하는 수단이 돈일 뿐이다. 돈은 표면적인 것이다. 그 아래에 시장주의가 있고 시장주의는 모든 것을 상품으로 만든다. 시장주의에서 우리는 하나의 상품일 뿐이다. 행복은 시장주의와 맞서 싸우거나 타협해야만 한다.

공리주의, 민주주의, 개인주의, 시장주의는 우리의 행복을 둘러싸고 있는 외면이다. 적어도 우리가 사는 이 시대는 그렇다. 우리의 현대적 삶이 행복이란 개념이 없었던 옛날과는 얼마나 크게 다른지 안다면 우리의 상황을 보다 잘 인식할 수 있을 것이다. 서양의 중세말(1294~1324) 남부 프랑스 마을 몽따유(Montaillou)에서의 삶을 보자.

시장에서의 거래에는 돈보다는 신앙의 공유가 더 고려되었다. 가톨릭 신자 고객에게 밀을 팔고 있던 한 카타르파 여신도는 자신의 행동을 이렇게 정당화했다. "저는 같은 신앙을 가진 사람들을 돕고 싶어요"(그러니까 너한테는 팔고 싶지 않다는 말이다). (…) 가정경제의 목표는 화폐의 축적이나 '농업자본의 확대재생산'보다는 음식과 옷 같은 '사용 가능한 가치들의 생산'에 있었다. 풍요를 요구하지 않았기 때문에 결핍은 피하거나 해결할 수 있었다. 사람들은 선천적으로 게으르지는 않았지만 과도한 노동을 자극하는 요인도 없었다. 그들은 잉여의 매력에도 자본 축적의 달콤함에도 자극받지 않았기 때문이다.[4]

몽따유의 환경을 현대와 비교할 수는 없다. 그곳에서 사람들은 여전히 신의 구원을 목표로 하는 삶을 영위했고 개인의 행복은 고려하지 않았다. 현대는 그렇지 않다. 몽따유의 이런 거래를 현대에서 상상하기는 어렵지 않은가. 신에 묶여 있던 시대와 개인의 행복에 매달리는 오늘날의 삶 중에서 어느 쪽이 더 행복해 보이는가, 누가 더 불행해 보이는가? 판단은 각자 다르겠지만, 우리를 둘러싸고 있는 시대의 조건을 알지 못하면 우리의 행복도 불행도 알 수 없다는 것만큼은 분명하다.

/

강요된

행복

/

2차대전 후 일본을 대표하는 말은 평화·민주주의·문화였다

제2부 행복 신화를 만든 것들

고 한다. 즉 "메이지 헌법의 제정과 함께 그 정신은 부국강병이라는 국가적 목표에 흡수되었다. 1960년대에 분출된 참여의 열기는 이번에는 경제성장과 개인의 소비욕구 충족이란 목표에 흡수되었다".[5] 전쟁 전의 일본은 천황을 중심으로 한 국가주의를 택하고 있었기에 국력신장을 목표로 삼았다. 개인보다는 국가, 개인의 행복보다는 국력의 신장이 우선했던 것이다. 하지만 패전과 함께 일본에 민주주의가 도입된다. 그리고 시장경제가 미국의 지도하에 본격화된다.

민주주의는 개인주의를 낳고 시장주의는 경제발전을 낳았다. 그리고 더이상 경제발전의 성과를 국가가 우선적으로 차지하지 못하게 되었다. 이런 변화는 미국이 일본에 새로운 제도를 도입·시행했기 때문이다. 전후 일본을 지배했다는 평화·민주주의·문화도 이런 맥락에서 이해할 수 있다. 평화라는 말은 미국에 안보를 맡기고 일본은 경제발전에 힘쓴다는 뜻이고, 민주주의는 평등한 개인의 존재를 인정한다는 것이며, 문화는 개인 소비의 다른 말이기 때문이다. 틀을 바꿈으로써 일본 사람의 생활도, 내면의 풍경도 바뀌었다.

중동의 민주화는 최근의 일이다. 민주화 물결이 전세계를 휩쓴 지도 꽤 오래되었으나 아직도 많은 지역은 민주화되지 않고 있다. 민주화가 되면 반드시 시장경제가 뒤따라 들어간다. 일본이 그랬던 것처럼 민주화가 본격화되면 시장경제도 본격화되고 그리고 개인주의도 꽃을 피운다. 지금 세계의 모든 나라

"지금부터 행복한 겁니다."

가 행복을 세속종교로 삼고 있는 것은 다름 아닌 제도에 그 원인이 있다. 즉 같은 제도를 택하면 같은 가치를 추구하게 된다. 예를 들어 이집트도 민주화가 성공하면 아마 지금보다 훨씬 더 개인의 행복을 추구할 것이다. 각 나라의 전통적인 가치조차도 새로운 제도가 가져온 변화를 피할 수 없다. 일본이 그 예가 될 것이다.

나까자와 최근에는 스님들도 아무렇지 않게 '행복'이라는 단어를 사용하지요. 스님이 "인간은 어떻게 하면 행복해질 수 있을까요?"라는 질문을 받는 모습을 종종 봅니다. 그때 스님이 약간 당황하기라도 하면 좋은데, 그러지 않더군요(웃음). 아주 당연하다는 듯이 "아집을 버리면 당신은 행복해질 수 있다"라고 대답하거든요. 그런 대답을 들으며 저는 '아집을 버리면 안심(安心)은 얻을 수 있지만 행복해지거나 bonheur가 찾아오지는 않을 텐데…' 하고 생각하지요.[6]

일본은 스스로를 특별하다고 여긴다. 자국만의 독특하고 아름다운 전통을 자랑스럽게 이야기한다. 기독교 신자의 비율이 1퍼센트에 그치고 있으니 그런 인식을 가지는 것도 무리는 아니다. 하지만 나까자와가 지적한 것처럼 이런 전통도 행복이라는 쓰나미 앞에서는 속수무책이다. 스님조차 그것을 모르고 있는 것이 현실이다. 근대화 전에는 일본에서 불교의 영향력이 큰 편이었다. 지금도 불교가 일본 정신의 한 기둥이다. 하지만 민주주의, 개인주의, 시장주의, 공리주의의 연합군에게 지금은 굴복당했다. 모든 가치를 행복을 위한 방편으로 여기게 된 것이다. 불교는 행복이 아니라 마음의 평안(安心)을 추구하는 종교이지만 이제는 행복을 위한 방법을 제시해야만 한다.

서양이 동양을 개방할 때에는 동양 각국에 기독교가 먼저 상륙한 후에 군함이 나타나고, 무력에 굴복한 각국이 서양과 불평등조약을 맺는 상황이 벌어진다고 흔히 말해왔다. 이러한 개방 순서는 역사적으로 사실일 수 있다. 그런데 물질적인 것은 서양의 것을 받아들인다 해도 정신적인 것은 동양의 것을 지킨다는 말도 있다. 이런 주장은 19세기 말에 적어도 한국·중국·일본에서는 매우 소리가 높았다. 그 주장이 옳으면 좋겠지만 현실은 그렇지 않아 보인다. 행복이 그 증거가 될 수 있다. 행복은 의심의 여지없이 정신적 가치이다. 지금 행복은 한국·중국·일본 모두에서 가장 보편적이고 일상적인 가치가 되지 않았는가. 모두 행복을 원하고, 행복하기 위해서 갖은 애를 쓰면서 살고 있다. 행복하지 않으면 실패한 인생이라고 생각할 정도다.

행복은 우연히 동양 3국에서 세속종교가 된 것이 아니다. 민주주의와 시장주의가 유입된 후에 개인주의가 꽃을 피우고 공리주의가 그 뒤를 받쳐주었기 때문에 가능했던 것이다. 민주주의, 개인주의, 시장주의 그리고 공리주의를 세계 거의 대부분의 나라가 받아들이고 있기 때문에 거의 모든 사람이 행복을

제2부 행복 신화를 만든 것들

추구하는 것이다.

행복의 구조를 알아야 불행의 원인을 알 수 있으며 불행의 원인을 알아야 행복해지는 방법을 알 수 있다. 이제 행복의 외면을 구성하는 민주주의, 개인주의, 시장주의, 공리주의를 차례대로 검토해보자. 공리주의가 어떻게 행복을 새롭게 정의하고 민주주의, 개인주의, 시장주의가 어떤 구조와 관계를 통해 행복이라는 개념을 강화·확대시켰는지 알면 우리는 행복의 외면에 대해 분명하게 이해할 수 있을 것이다. 생각보다 훨씬 더 행복은 외면과 단단히 결속되어 있음을 알게 될 것이다.

행복 상인들은 알고 있다.

성공보다는 행복의 시장이 더 넓다는 것을.

행복에 관해서는 누구나 할 말이 있고,

무슨 말을 해도 통한다.

사람들에게는 저마다 자신만의

행복 비법이 있게 마련이다.

이런 시대이므로 자신이 행복하지 않으면

무언가 잘못되었다고 여길 만도 하다.

그러나 행복은 모든 시대에

모든 사람이 추구한 삶의 목표가 아니었다.

05

민주주의의 함정

/

행복의

메카를 찾아서

/

현대적인 행복 개념은 유럽에서 만들어졌지만 지금처럼 행복이 하나의 산업이 되어 텔레비전 방송과 신문 그리고 책을 장악하고 세속종교가 된 것은 미국 때문이라고 해도 과언이 아니다. 미국에서 행복이 어떻게 세속종교가 되었는가를 알면 현대 행복의 본질에 대해서도 분명하게 파악할 수 있을 것이다.

미국에 행복이 둥지를 틀던 때를 살펴보자면 또끄빌(A. Tocqueville)을 빼놓을 수 없다. 프랑스 사람인 그는 1831년 미국

여행을 토대로 『미국의 민주주의』라는 책을 발표했다. 오늘날까지도 이 책은 미국의 민주주의에 관한 저술 중 가장 뛰어난 책으로 손꼽힌다. 물론 고전의 반열에 올랐고 미국에 대해 공부하려면 반드시 읽어야 할 책이다. 특히 이 책은 미국의 민주주의가 미국 문화에 어떤 영향을 끼쳤는지에 대한 탁월한 통찰력을 보여준다. 『미국의 민주주의』를 중심으로 행복이 어떻게 세속종교가 되었는지를 살펴보자. 오늘날 미국이 행복의 메카가 된 것이 우연이 아님을 잘 알 수 있을 것이다.

이 책에서 또끄빌은 미국 민주주의의 특징을 한마디로 평등이라고 말한다.

> 민주사회에 사는 주민이 자기 주위에 있는 모든 사람들과 자기 자신을 비교해볼 때, 그는 그가 다른 어떤 사람과도 동등하다는 것을 알고 자랑스럽게 생각한다. 그러나 그가 자신을 동료 인간 전체와 비교해보거나 거대한 조직체와 비교해보게 될 때, 그는 즉각 자기 한 개인의 무가치함과 취약함을 알고 압도당하게 된다.[1]

이렇듯 평등은 두가지 감정을 동시에 가져다준다. 하나는 모두 다 동등하다는 것이다. 즉 귀족이나 왕족은 없다, 태어날 때부터 구별되는 존귀한 사람은 이제는 없다는 뜻이다. 따라서 자신이 남보다 잘난 것도 없지만 못난 것도 없다. 모든 사람은 법적으로 평등하고 실제로도 비슷하다. 예전에는 신분제도에 의해 자신의 신분이 결정됨과 동시에 인생도 결정되었다. 귀족이 아닌 중인계급에서 태어나면 그에 맞는 인생을 처음부터 설계해야만 했다. 달리 방법이 없지 않은가. 신분이 고귀한 사람의 인생과 자신의 인생은 처음부터 달랐기에 도자기를 굽는 것이 가업이었다면 도자기 분야에서 일인자, 즉 장인이 되도록 노력하는 것이 인생이었다. 하지만 민주주의 시대에는 모든 사람이 평등하게 태어난다. 집안 환경이 다르더라도 기본적으로는 동등하다는 것을 알고 자신을 자랑스럽게 여기게 된다.

자신을 자랑스럽게 여기는 감정과 함께 평등은 또다른 감정을 불러일으킨다. 개인이 무력하거나 무가치하다는 감정이다. 예전에는 기술자연맹 같은 길드가 있었다. 어떤 개인도 개인으로 인정되지 않았고 어떤 집안의 누구 혹은 어느 지방의 누구 아니면 어떤 계급의 누구였다. 계급제도와 신분제도 안에서 같은 계급에 속하는 사람들은 그 이유만으로도 서로를 도왔다.

하지만 민주사회에서는 모두가 평등한 개인이기에 홀로 모든 것에 맞서야만 한다. 그렇게 될 경우 개인은 무력감을 느끼지 않을 수 없다. 이런 무력감은 다른 사람들이 무엇을 하는지에 신경쓰도록, 즉 여론에 민감하게 반응하도록 만든다. 민주주의 사회에서는 여론을 좇는 편이 더 안도감을 주기도 한다. 다른 사람들이 하니까 나도 헤도 괜찮나는 정당화가 이루어진다는 것이다. 또끄빌은 이런 두가지 감정을 다음과 같이 말한다.

하나는 모든 인간으로 하여금 전혀 경험해보지 못한 생각을 하게 하는 것이고, 다른 하나는 인간으로 하여금 전혀 아무런 생각도 못하게 하는 것이다. 그런데 나는 어떻게 해서 민주주의가 여러가지 법률에 의해 민주사회의 조건으로 적합하게 된 정신의 자유를 오히려 제약하게 되는가를 알고 있다. 즉 계급이나 인간에 의해 과해졌던 모든 속박을 타파한 인류는 최대 다수의 일반의지에 의한 속박에 얽매이게 된 것이다.[2]

인간이 전혀 경험해보지 못한 생각 중 하나는 앞서 계몽주의가 주창했던 '인간은 행복할 수 있다'는 믿음이다. '인간은 행복할 수 있고, 행복해야만 한다. 신이 아닌 자신의 노력으로'라는 생각은 지금까지 유지되고 있다. 그런데 또끄빌은 동시에 민주주의 시대의 인간은 아무런 생각도 하지 않게 되었다고 한다. 그저 최대 다수의 일반의지에 따른다는 것이다. 즉 옛날에는 왕이나 귀족 혹은 신의 의지에 속박되어 있었다면 지금은 여론이라는 일반의지에 속박되어 있다는 것이다. 누구나 인정하는 바일 것이다. '여론조사에 의하면'에 우리는 신경을 곤두세우지 않는가. 중요한 국가정책부터 행복의 종류까지 여론이라면 일단 존중하는 것이 민주주의 시대의 모습이다.

또끄빌은 여론이 여왕이라고까지 말한다. "평등의 시대에는 그 반대현상이 일어난다. 사람들이 평등하고 동일한 조건의 평범한 수준에 더욱 가깝게 접근할수록 특정한 개인이나 또는 특정계급을 절대적으로 신뢰하는 일은 적어진다. 그 반면에 대중을 신뢰하는 마음은 점점 증가하고 동시에 여론은 세계를 제패하는 여왕처럼 고고해진다."[3] 그럼 여론은 어떤 성격을 띠는가? 그것은 민주주의 시대가 어떤 특징을 갖느냐에 달려 있다.

/

손쉬운 성공과
즉흥적 쾌락

/

민주주의 시대의 독특한 특징 중의 하나는 모든 사람이 힘들이지 않고 성공하고자 하는 것과 즉흥적인 쾌락을 추구하는 것이다. 이러한 현상은 모든 사람에게 나타나는 것으로 지식인에게도 마찬가지다. 평등의 시대에 사는 사람의 대부분은 간절하면서도 노력은 하지 않는 야심으로 가득 차 있다. 즉 이들은 즉각 거대한 성공을 거두고 싶어하면서도, 힘든 노력은 피하고 싶어한다. 이러한 상충하는 성향은 곧바로 일반적인 개념에 대한 추구로 나타난다. 즉 이들은 이 일반적인 개념을 활용함으로써 그들이 별로 수고하지 않고도 거대한 사물을 파악할 수 있으며, 동시에 큰 어려움 없이 대중의 관심을 끌 수 있다고 우쭐댄다. 그런데 나로서는 그들이 그렇게 생각하는 것이 잘못되었다고 생각할 수 없다. 왜냐하면 그들의 책을 읽는 독자들도 마찬가지로 사물의 밑바닥까지 조사·연구하는 것을 싫어하기 때문이다. 연구성과로서 일반적으로 추구되는 것이란 노력 없이 얻는 안이한 쾌락과 정보일 뿐이다.[4]

손쉬운 성공과 즉흥적 쾌락 추구가 민주주의 시대의 특징이라고 또끄빌은 말한다. 우리는 힘들이지 않고 성공을 거두고 싶어한다는 그의 말을 인정하지 않을 수 없다. 이런 상황이 초래된 원인을 그는 민주주의에서 찾는다. 민주주의 시대에는 '모든 사람은 평등하다. 따라서 나도 성공할 수 있을 것 같다'는 생각을 사람들이 하게 된다는 것이다.

그런데 왜 성공을 탐하게 됐을까? 그것은 공리주의 때문이다. 즉 '최대 다수의 최대 행복'을 주장하는 공리주의로 인해 행복의 추구는 너무나 당연한 삶의 원리가 되었고, 행복이란 쾌락을 의미하기에 최대의 쾌락을 누리는 것이 성공이 되었기 때문이다. 조지프 슘페터(Joseph Schumpeter)도 다음과 같이 말한다.

쾌락주의적 관점에서 규정된 행복이란 목적과 이 목적을 위한 적절한 수단 양자에 대해서 분명한 인식을 가진—또

제2부 행복 신화를 만든 것들

는 이러한 인식을 제공할 교육을 쾌히 받아들이는 태도를 가
진—개인들의 그렇게 규정된 행복이 삶의 의미로 이해되었
고 사적 영역과 정치적 영역 모두에서 행동의 대원리로 이해
되었다. 우리는 초기 자본주의의 산물인 이러한 사회학 또는
사회철학을 밀이 도입한 용어, 즉 공리주의란 용어로도 표
시할 수 있다. 공리주의에 의하면 이 원리를 따르는 행동은
합리적이고 정당화될 수 있는 행동일 뿐만 아니라 실제로는
"자연스러운" 행동이다.[5]

그렇다면 왜 민주주의 시대 사람들은 노력은 하지 않고 손쉬
운 성공을 추구하는가? 그것은 즉각적인 성공이 가능해 보이
는 시대이기 때문이다. 계급사회에서는 선택의 기회가 없었다.
자신의 신분에 따라 정해진 일을 해야만 했기에 즉각적인 성공
은 꿈꾸기 어려웠다. 장인의 경우를 생각해보라. 일생을 투자
해도 성공할 가능성은 크지 않았다. 하지만 민주주의 시대에는
정해진 직업이 없다. 모든 것을 자신이 선택할 수 있다. 그리고
반드시 추구해야 할 정신적 가치를 단언하기도 힘들다.

이미 신이 죽었다고 선언된 사회에서 신은 희미한 그림자만
드리우고 있을 뿐이다. 따라서 사람들은 눈에 보이는 것을 추
구하게 된다. 게다가 과학의 시대이기에 뛰어난 아이디어만 있
으면 즉각적으로 성공할 가능성이 생겨났다. 에디슨이나 라이
트 형제 그리고 스티브 잡스의 성공사례를 생각해보라. 그리

고 그것이 쾌락을 증진시키는 데 도움이 된다면 공리주의의 행복론에 의해 정당화되기 때문에 안심하게 된다. 안심하게 되면 육체적 쾌락 추구에 박차를 가하게 된다. 이런 입장이 일상생활뿐만 아니라 심지어 과학에도 해당된다고 또끄빌은 말한다. 즉 귀족시대의 과학은 정신적 기쁨을 추구했지만 민주주의 시대의 과학은 육체적 기쁨을 추구한다고 말한다.

이러한 국가(민주국가)에 사는 사람들의 대부분은 현실적이고 육체적인 쾌락을 아주 열심히 추구한다. 그들은 항상 현재의 직업에 만족하지 않으며, 자유로이 그 직업을 떠날 수 있기 때문에 그들의 직업을 바꾸거나 재산을 증식시킬 생각만을 하게 된다. 이와 같은 성향을 가진 사람들에게는 재빨리 재산을 모을 수 있는 새로운 방법이라든가, 노동을 절약시켜주는 기계, 생산원가를 절감시켜주는 도구, 쾌락을 증대시킬 수 있는 새로운 방법 등 모든 것이 인간지식의 고귀한 결실로 보인다. 민주국가의 국민이 과학탐구에 몰두하면서 이를 이해하고 존중하는 것은 주로 이러한 동기 때문이다. 귀족시대의 과학은 정신적인 기쁨을 추구하는 반면, 민주시대의 과학은 육체적인 기쁨을 추구한다.[6]

평등은 최대 다수의 일반의지를 따르게 한다고 또끄빌은 말한다. 이때 최대 다수의 일반의지는 여론이라고 할 수 있는데,

제2부 행복 신화를 만든 것들

민주주의 시대의 최대 다수는 손쉬운 성공과 즉흥적 쾌락을 추구한다. 즉 최대 다수의 일반의지는 손쉬운 성공과 즉흥적 쾌락 추구이다.

미국에서 말하는 행복이란 바로 성공과 쾌락이다. '아메리칸 드림'이 무엇을 말하는가? 미국에 오면 누구나 성공할 수 있다는 것 아닌가. 성공을 하면 돈과 함께 여가를 비롯한 모든 것이 따라온다는 것이다. 그것이 바로 미국에서의 행복한 삶이다. 여행사 포스터에 찍힌 하와이는 1950년대 미국 휴가의 상징이었다. 하와이로 휴가를 가고 싶으면 성공해야 한다. 그렇다면 하와이 해변에서 아주 큰 즐거움을 맛볼 수 있다. 이것이 바로 미국표 행복이고 전세계의 행복이 되었다.

우리나라도 마찬가지다. 요즘은 누구에게나 "대박 나세요"라고 인사한다. 대박이 나서 부자가 된다는 것은 성공했다는 의미이고 성공한다면 즐겁게 살 수 있다고 믿기 때문이다. 미국과 마찬가지로 우리나라에서도 부자가 되는 법, 성공하는 법에 관한 책은 쉼없이 쏟아져나온다. 아무리 책이 안 팔린다고 해도 부자와 성공에 대한 책의 출간이 주는 법이 없다. 성공이 행복에 이르는 길이라고 믿는 한 이런 흐름은 계속될 것이다.

부자와 성공에 대한 책 자체가 나쁘다고는 할 수 없을 것이다. 문제는 이러한 책을 읽는 사람 중 대다수가 손쉬운 성공을 기대한다는 것이다. 누구나 부자가 되고 싶지만 현실은 정반대다. 대부분의 사람 아니 거의 모든 사람은 부자가 되지 못한다

고 보는 게 합리적이다. 부자가 되는 사람은 극소수다. 그렇다면 사람들은 이런 괴리를 어떻게 메우고 사는가?

부자가 되고 싶지만, 부자가 되기 어려운 현실 앞에서 사람들은 일반적인 개념에 의지하게 된다. 앞서 언급한 또끄빌의 말에 따르면 "이 일반적인 개념을 활용함으로써 그들이 별로 수고하지 않고도 거대한 사물을 파악할 수 있으며, 동시에 큰 어려움 없이 대중의 관심을 끌 수 있다고 우쭐댄다". 일반적인 개념이란 추상명사를 말한다. 장미보다는 꽃이, 꽃보다는 식물이, 식물보다는 자연이 일반적인 개념이다. 구체적인 것에서 추상화될수록 일반적인 개념이 되는 것이다.

왜 또끄빌은 즉각 거대한 성공을 거두고 싶어하면서도 힘든 노력은 피하고 싶어하는, 상충되는 성향이 일반적 개념에 의지하여 해소되는 것처럼 보인다고 했을까? 일반적 개념이 좁은 범위 안에 많은 것을 담으며, 짧은 시간에 많은 결과를 얻어낼 수 있기 때문이다.

평등의 시대에 사는 사람은 호기심은 많이 갖지만 여가는 별로 갖지 못한다. 그들의 생활이 너무나 실제적이고 복잡하고 들떠 있고 활동적이기 때문에 사색을 위한 시간을 낼 수가 없다. 이런 사람들은 일반적인 개념에 의지하게 되는데, 그렇게 함으로써 특이한 사실에 대해 연구하는 수고를 덜 수 있기 때문이다. 말하자면 일반적인 개념은 좁은 범위 안에 많은 것을 담으며, 또 짧은 시간에 많은 결과를 얻어낼 수 있다.[7]

'자연'을 예로 들어보자. '자연을 보호해야 한다' '자연은 하나의 생태계이다' '자연과 인간은 공존을 모색해야 한다' 같은 말을 입에 담을 때 우리는 마치 자연 전체에 대해 무엇인가 아는 것 같은 느낌을 받는다. 자연이라는 말은 아주 많은 것을 담고 있는 일반적 개념이기 때문이다.

민주주의 시대 사람들은 바빠서 깊이 생각할 여유도 없지만, 추상화된 말에 의존해서 자신이 그것을 안다거나 소유한다는 착각에 빠지게 된다. 말로써 존재를 규정하는 느낌이 드는 것이다. 이름을 '만복'이라고 지으면 온갖 복이 들어올 것만 같다고 생각하는 것과 비슷하다. 명품 백을 갖고 싶은 사람은 관련 잡지를 사본다. 거기에서 얻은 정보에 대해 다른 사람과 이야기하면 자신은 명품 백과 매우 가까워진 것만 같다. 물론 현실에서는 돈이 없어 명품 백을 사지 못한다. 명품 백에 대한 지식과 정보 그리고 사진은 그런 괴리를 메워준다.

또다른 예로 '정치'처럼 흔한 단어도 없을 것이다. 민주주의 시대에는 누구나 정치에 참여하고 정치에 대해 말한다. 민주주의라는 단어도 마찬가지다. 하지만 정치라는 말은 민주주의 이전에는 극히 일부가 사용했던 말이다. 계급사회에서는 처음부터 정치와 연관된 사람은 한정되어 있었다. 정치는 동양에서는 다른 말로 '제왕학'이었다. 하지만 오늘날 민주주의 시대에서는 누구나 정치에 대해 한마디씩 한다. '정치가 제대로 돌아가지 않는다' '정치가 썩어서 나라가 이 모양이다' 등 정치라는 고도의 추상명사가 일상용어처럼 쓰이는 시대다.

정치라는 말은 고도의 추상명사이므로 아주 많은 의미가 있다. 그 짧은 단어로 많은 것을 이야기할 수 있기에 정치라는 말을 입에 올리는 것만으로도 자신이 정치와 깊이 관련 있는 것처럼 느낄 수 있다. 하지만 현실은 어떤가. 투표할 때에만 정치적 힘이 있지 선거가 끝나면 정치권력은 다시 소수의 것으로 돌아간다. 정치만 그런 것이 아니다. 경제·문화·세계·평화·핵위기 등 고도의 일반적인 개념, 즉 추상명사가 우리의 삶을 지배하고 있다. 의식하지 못하는 사이에 고도의 추상명사 속에서 우리 자신의 현실을 잊어버리고 있는 것이다.

그러한 일반적인 개념 중 하나이자 대표적인 것이 행복이다. 앞서 살펴본 바와 같이 행복은 좀처럼 정의되지 않는다. 모든 것을 담고 있는 듯하지만 자세히 따져보면 만족할 만한 내용을 찾을 수는 없다. 바로 이런 것이 추상명사의 특징이다.

'정의란 무엇인가' 같은 제목의 책을 읽는다고 해서 '정의'(正義)가 무엇인지 알 수 있는 것은 아니다. 원래 추상명사는 내용이 아주 많거나 텅 비어 있기 때문이다. 하지만 추상명사는 우리가 세계를 파악하고 있다는 착각을 주기에 안성맞춤이다. 정의도 그런 경우다. 그래도 정의에 대해 알 것 같고 말할 것이 있는 것 같은데 막상 정리해보면 만족스럽지 않다.

행복도 마찬가지임을 이미 확인했다. 바로 이런 특성 때문에 행복은 민주주의 시대에 잘 어울린다. 모두가 평등하므로 누구나 행복할 수 있다고 믿기 쉽기 때문이다. 행복하고자 하는 마음과 실제로 행복해지지 않는 현실과의 괴리를 바로 행복이라는 추상명사가 메워주고 있는 것이다.

/

행복에 대한 집착

/

민주주의 시대에는 정의·평등·인권 같은 일반적인 개념이 널리 사용되는 것이 특징이다. 그런데 왜 유독 행복이라는 일반적 개념이 우리 눈에 자주 띄는 것일까? 그것은 행복이 민주주의 시대의 특성을 갖춘 일반적 개념인데다가 또 하나의 특성인 쾌락을 갖고 있기 때문이다. 앞서 우리는 행복이 쾌락에 바탕한다는 것을 보았다. 따라서 민주주의에서 비롯되는 일반적 개념, 그리고 공리주의에서 비롯된 쾌락이 결합된 행복이 이 시대에 가장 널리 퍼진 용어가 되는 것은 전혀 이상하지 않다. 오히려 자연스럽다.

행복이 널리 유통되는 이유는 더 있다. 그것은 바로 '누구나'에게 해당되는 일반적 개념 중 행복만큼 대중적인 것이 없기 때문이다. 성공을 바라고 또 노력도 하지만 현실적으로 성공하는 사람은 극히 적다. 정치에 대해 아무리 많이 알아도 그리고 정치를 하고자 하는 욕망이 있어도 국회의원 되는 사람 역시 극소수다. 성공이나 정치에 비해 행복은 어떤 사람이라도 누릴수 있는 일반적 개념이기에 훨씬 더 대중적이다. 잡다한 행복상인들이 존립하고 번창할 수 있는 이유다. 행복 상인들은 알고 있다. 성공보다는 행복의 시장이 더 넓다는 것을.

행복에 관해서는 누구나 할 말이 있고, 무슨 말을 해도 통한다. 사람들에게는 저마다 자신만의 행복 비법이 있게 마련이다. 이런 시대이므로 자신이 행복하지 않으면 무언가 잘못되었다고 여길 만도 하다. 『행복의 지도』의 말을 다시 들어보자. 행복을 질병으로 바라보는 견해에 고개를 끄덕이게 될 것이다.

이 지구 상의 삶에서 행복을 누릴 수 있는 것은 신과 소수의 행운아들뿐이었다. 하지만 오늘날에는 누구나 행복을 얻을 수 있다고들 생각할 뿐만 아니라, 행복을 당연한 듯이 기대하는 분위기다. 따라서 나를 비롯한 수많은 사람들이 현대의 독특한 질병으로 고생하고 있다. 바로 역사가 대린 맥마흔이 "행복하지 않음의 불행"이라고 표현했던 병이다. 정말 재미없는 일이다.[8]

평등이 특징인 민주주의 시대에 행복만큼 모두를 만족시킬 수 있는 일반적 개념은 없다. 그것은 일반적 개념인 동시에 누구나 원하는 쾌락과 함께하며 또한 누구나 손에 넣을 수 있을 듯싶기 때문이다. 사정이 이러하다면 사람들이 행복에 집착하는 것은 피할 수 없어 보인다. 또끄빌도 이런 점을 관찰했다.

평등에서 발생하거나 평등에 의해서 촉진되는 모든 열정 중에는 평등이 특별히 강렬하게 만들고, 그리고 동시에 모든 사람의 심장 속으로 불어넣는 한가지 열정이 있다는 것을 우리는 알게 될 것이다. 내가 생각하기에는 그것은 곧 행복에 대한 집착이다. 행복에 대한 관심은 민주주의 시대의 지워지지 않을 현저한 특징이 되고 있다.[9]

행복은 시대를 막론하고 모든 사람이 추구한 삶의 목표가 아니었다는 것을 앞에서 보았다. 그리고 이 장에서는 민주주의와 행복이 어떻게 결합하여 이 시대의 세속종교가 되었는지를 보았다. 그래도 여전히 민주주의와 행복은 낯선 조합일 수 있다.

낯섦을 해소하기 위해 민주주의 시대 이전 사람들은 무엇을 추구했는지 간단히 보자.

『행복은 어디에 있는가』는 다음과 같이 요약한다. 힌두교는 '그대가 해야 할 일을 바삐 수행하라', 불교는 '깨달은 자', 기독교는 '천국에 존재하는 행복', 이슬람교는 '행복의 연금술', 에피쿠로스 학파는 '쾌락은 선이다', 스토아 학파는 '모든 것은 정신 속에 있다', 유대교는 '신의 숨겨진 얼굴', 공리주의자는 '쾌락의 최대화'를 추구한다는 것이다. 이 목록으로 알 수 있는 것은 시대마다 종교마다, 혹은 학파에 따라 추구의 대상이 달랐다는 점이다.

지금은 민주주의 시대이고 민주주의 시대는 행복을 추구한다. 하지만 그것이 현실일지는 몰라도 행복의 세부사항들 중 어느 것도 실감나지는 않는다. 비록 때때로 행복한 순간이라고 느끼고 또 여기기는 하지만 여전히 세부사항은 살아 있지 않다. 그것은 행복이 일반적인 개념이기 때문이다.

우리는 종종 행복이 구체적인 내용을 갖고 있지 않은 일반적 개념이라는 것을 잊고 산다. 그래서 파랑새는 있다, 행복은 가까운 곳에 있다고 말한다. 하지만 갈증은 해소되지 않는다. 원래 일반적 개념은 만족되지 않기 때문이다. 그럼에도 불구하고 민주주의 시대에는 행복이 모든 것을 휩쓴다. "그것은 '현실'일지는 몰라도 세부사항들 중 그 어느 것도 그다지 살아 있지 않아서 실감은 없다."[10]

개인주의 시대의 개인은 외롭다.

페이스북도 하고 카카오톡도 하며

열심히 관계 맺기를 시도하지만,

이런 관계는 대체로 가짜 관계일 수밖에 없다.

진실은 홀로 있다는 것이다.

행복은 사회에도 개인에게도 존재하지 않는다.

이런 어정쩡함이 우리 비극의 원천인지 모른다.

06

거대한 사회와 외로운 개인

/

사회에서 분리된

행복

/

부모도, 형제도, 자식도 모두 필요없고 나 자신만 가장 중요하다고 말한다면, 뭇사람들의 손가락질을 받을 게 뻔하다. 그런데 또끄빌은 한국사회에 이제야 자리잡게 된 민주주의가 필연적으로 이러한 개인주의를 낳게 될 것이라고 말한다.

그들은 어떤 사람에게도 빚진 것이 없으며 또 아무것도 기대하는 바도 없다. 그들은 항상 홀로 지낸다는 생각을 습관화하고 있으며 그들의 운명은 그들 자신의 손에 달려 있다고 생각하게 된다. 이와 같이 민주주의는 모든 사람으로 하여금 자기의 조상을 잊게 할 뿐만 아니라 후손에 대해서 무관심하며 동시대인으로부터 고립시킨다. 그래서 민주주의는 언제나 자기 자신에게만 매달리게 하며 마침내는 인간을 완전히 고독한 존재로 가둘 위험을 안고 있다.[1]

또끄빌은 평등이 민주주의의 특징이라고 판단하고 있다. 평등은 모든 것을 동등하게 보게 한다. 다른 사람에게 빚진 것도 없을 뿐만 아니라 자신의 조상에게도 빚진 것이 없다. 조상이 남긴 일을 이어받아야만 한다고 생각하지도 않으며 자신의 일을 물려주려고 하지도 않는다. 이 세상에서 가장 근본적인 존재는 개체이다. 사람으로 따지면 개인이다. 조상이라는 역사적 집단, 현재 자신을 둘러싸고 있는 사회라는 집단, 그리고 미래의 자손 집단도 개인보다 우선하지 않는다. 민주주의가 평등을 내세웠을 때 사람들은 당대의 귀족이나 왕의 속박에서 벗어나는 자유와 함께 평등을 생각했다. 하지만 평등은 그보다 훨씬 깊고 넓은 영역을 갖고 있었다. 바로 과거의 역사도 현재의 사회도 미래의 자손도 잊게 만드는 힘이 있었던 것이다.

물론 개인주의가 민주주의의 산물만은 아니다. 중세의 유명(唯名)논쟁에서 비롯되어 유명론이 승리를 거둔 후 그 기반을 마련했고 경제적으로도 노동력의 확보라는 필요에 의해 개인주의가 더 확고해진 것이 사실이다. 그와 더불어 개인 이성에 대한 믿음, 신의 자리를 대신하게 된 인간의 존엄성 등 여러 요인이 작용했다. 물론 개인주의의 확립에 민주주의가 차지한 비중은 컸다. 또끄빌은 개인주의는 민주주의를 그 기원으로 하고 있다고 말한다.

'개인주의'라는 것은 새로운 관념에 의해서 창출된 신기한 표현이다. 우리들의 조상은 오직 '이기주의'만을 알고 있었다. 이기주의는 자기 자신에 대한 열정적이고 과도한 애착을 말하는데 이것은 인간으로 하여금 모든 문제를 자기 자신과 관련시키게 하고 자기 자신을 이 세상의 무엇보다도 좋아하게 한다. 개인주의는 성숙하고 평온한 감정으로서 이것은 사회의 각 구성원으로 하여금 동료인간으로부터도 분리되게 한다. 그래서 이와 같이 그가 그 자신의 조그마한 성을 형성한 후에는 기꺼이 사회를 잊어버린다. (…) 이기주의는 모든 덕성의 씨앗을 마르게 한다. 그러나 개인주의는 처음에는 공공생활의 덕성을 좀먹다가 마침내는 다른 모든 것을 공격·파괴하며 최후에는 이기주의로 전락한다. (…) 개인주의는 민주주의를 그 기원으로 하고 있으며 그것은 사회의 평등화에 비례해서 확산되고 있다.[2]

개인주의가 민주주의와 밀접한 관련이 있다면 개인주의는

민주주의의 특성을 어느정도 포함하고 있을 것이다. 즉 앞서 우리는 민주주의는 평등을 특징으로 하며 그로 인해 일반적인 개념을 선호하게 되었고, 일반적인 개념 중에서도 손쉬운 성공과 즉흥적 쾌락을 추구하는 데 가장 가까운 것이 행복이라고 정리했다. 그렇다면 개인주의가 행복을 추구하는 것은 자연스러워 보인다. 행복의 주체는 어디까지나 개인이라는 점에 거의 모든 사람이 동의할 것이다. 즉 행복은 개인을 단위로 한다. 개인의 행복 증진을 위해 사회적 조치와 제도가 필요하지, 사회의 행복 증진을 위해 개인이 무엇인가 해야 한다는 것은 이 시대와 어울리지 않는다. 다시 말해 행복은 개인의 것이다.

/

고독한

개인의 탄생

/

근대에 들어 개인주의가 생겨나기 전까지는 사람들이 지금과 같은 고독을 경험할 기회가 많지 않았을 것 같다. 당시에 개인은 언제나 신과 연결되어 파악되었기 때문이다. 개인은 근본적 존재자가 아니라 신과의 관계 속에서만 의미를 획득하는 피조물이었다. 물론 신의 존재나 신의 속성을 의심하거나 심지어 부인하는 사람이 있었지만 여전히 신이란 틀 속에서 자신의

존재를 확인했다. 16세기 이딸리아 동북부 프리울리 지방의 방앗간 주인이었던 메노끼오는 몇번의 이단 재판에 회부된 끝에 1599년 화형을 당했다. 그는 자신이 믿는 바를 철회하지 않았는데 다음과 같은 주장을 했다.

> 저는 이렇게 말했죠. 제가 생각하고 믿는 바에 따르면, 흙·공기·물 그리고 불, 이 모든 것은 혼돈 그 자체입니다. 이 모든 것이 함께 하나의 큰 덩어리를 형성하는데 이는 마치 우유에서 치즈가 만들어지고 그 속에서 구더기가 생겨나는 것과 같습니다. 이 구더기들은 천사들입니다. 한 지고지선한 존재는 이들이 하느님과 천사이기를 원하였고, 그 수많은 천사들 중에는 같은 시간대에 그 큰 덩어리에서 만들어진 신도 있었지요.[3]

그는 비록 화형에 처해졌지만 연약한 존재가 아니었다. 연약한 존재였다면 혹독한 이단 재판에 회부되지도 않았을 것이다. 그리고 그는 고립되어 있지도 않았다. 비록 이단이라고 낙인찍혔지만 여전히 그의 정신은 신과 마을에 머물고 있었다. 그는 사실은 심문관과도 연결되어 있었다. 비록 반대편에 있었지만 그들은 신을 연결고리로 해서 서로를 진지하게 보았던 것이다. 현대 스포츠의 라이벌처럼 서로를 의식하기 때문에 혼자라는 느낌이 없는 것과 비슷하다 할 것이다.

개인주의 시대의 인간은 다르다. 또끄빌은 "평등의 시대에는 모든 인간은 상호 독자적이며, 또 고립되어 있고, 연약한 존재가 된다"[4]라고 말한다. 지금의 인간은 메노끼오처럼 신과 연결되어 있지 않다. 신에서 벗어나 있으며 타인과도 근본적으로 단절된 상태이다. 우리는 무엇을 매개로 타인과 진지하게 연결되는가? 프로야구, 정치, 직장, 동호회 등 무엇이든 잠시 연결은 가능하겠으나 메노끼오가 전생애에 걸쳐 맛본 결속은 결코 아닐 것이다. 지금 우리 개개인은 근본적으로 고립된 섬이다. 즉 상호 독자적이다. 여기에서 고민이 출발한다.

개인은 행복을 추구하는 데 독자적이다. 그런데 밖에 사회가 존재한다. 그렇다면 개인의 행복 추구는 어떻게 되는가? 서로 충돌할 것이 뻔하지 않은가. 인간은 이기적인 속성이 있기에 자신도 모르게 자기 자신에게만 관심을 쏟을 가능성이 크다. 하지만 이렇게 해서 쾌락이 증진하는지 의문이다. 처음에는 그럴 수도 있겠지만 혼자서 살 수는 없고 인간은 생각보다 훨씬 사회적 존재이기에 사회와의 관계 정립이 중요할 수밖에 없다. 개인과 사회가 어떻게 관계를 맺는 것이 행복에 도움이 되는가 하는 문제를 고민하지 않을 수 없다. 여기에 대한 답이 앞서 살펴본 공리주의다.

우리는 나사렛 예수의 황금률에서 바로 그러한 공리주의 윤리의 정수를 발견할 수 있다. 다시 말해 "다른 사람들이 해주었으면 하는 바를 너 스스로 해라" 그리고 "네 이웃을 네 몸과 같이 사랑하라"고 하는 가르침이야말로 공리주의 도덕의 완벽한 이상을 담고 있다. 이런 이상에 최대한 가까이 다가가기 위해 공리주의는 다음과 같은 원리를 담고 있어야 한다. 첫째 모든 개인의 행복 또는 이익이 전체의 이익과 가능하면 최대한 조화를 이루도록 법과 사회제도를 만들어야 한다. 둘째 교육과 여론은 사람의 성격 형성에 지대한 영향을 끼치는 만큼 모든 개인이 자신의 행복과 전체의 이익 사이에, 특히 보편적 행복을 달성하기 위해 요구되는 긍정적이고 부정적인 행동양식과 자신의 행복이 서로 끊을 수 없는 관계임을 분명히 깨닫게 해주어야 한다.[5]

그럴듯해 보이지만 실체가 없는 타협에 불과하다. 개인의 행복과 전체 이익이 가능하면 최대한 조화를 이루어야 한다고 하는데, 구체적으로 실행할 수 있을까? 최대한 조화를 이룬다는 것이 무슨 말일까? 또한 개인의 행복과 전체 이익 사이에서 보편적 행복을 달성하기 위해 교육을 시켜야 한다고 하는데, 그 접점은 구체적으로 무엇인가? 공리주의의 이런 주장은 형식논리에 불과하다. 따라서 해결책이 될 수 없다. 그렇다면 사회적인 것을 해결함으로써 개인이 행복해지는 방법은 어떤가?

"집에서 그리 멀지 않은 안정적인 일터에서 즐겁게 일하고 동료들과 한잔 걸친 후 집에 가서 섹스하는 것!" 1장에서 보았던 행복의 비밀이다. 이 결론이 사회적이라는 것을 이미 지적했다. 즉 개인의 행복은 사회적인 것이다. 이런 주장은 행복이란 개념이 도입된 초기부터 있었다.

프랑스혁명기에 르끼니오(Lequinio)는 행복을 어디에서 찾는가 하고 묻는다. "어디에서 행복을 구해야 하는 것인가? 시민들이여, 대체 어디에서? 우리의 내면에서, 우리 가슴의 깊은 곳에서, 우리 자신의 자기 부정에서, 일에서, 타인에 대한 사랑에서 구해야 한다." 그러고는 행복은 사회에서만 구할 수 있다고 말한다. "오직 사회에서만 인간은 진정으로 행복해질 수 있다. 왜냐하면 바로 그곳에서 인간은 과학과 예술을 통해 모든 장애를 극복하고, 모든 결핍을 충족시킬 수 있기 때문이다. 바로 그곳에서 인간은 인간의 가슴이 욕망하는 모든 즐거움을 얻을 수 있기 때문이다." 인간이 사회 속에 자신을 내던질 때 결핍을 충족시킬 수 있고 즐거움을 얻을 수 있다는 것이다. 다시 말해서, 개인적 차원에서는 해결책이 없다는 것이다.[6]

그렇다면 사회적 차원으로 개인의 행복을 해결할 수 있는가? 그렇지는 않다. 왜냐하면 아무리 사회에 행복이 넘친다고 해도 여전히 개인은 그렇지 않을 수 있기 때문이다. '최대 다수의 최대 행복'을 추구할 때 생기는 소수의 불행이라는 문제도 있지만 여기에서는 이런 것만을 문제삼지 않는다. 개인의 성격이나 기질 그리고 복잡하고 미묘한 정신이라는 특성이 개인의 내면을 지배하고 있기 때문이다. 개인이 외부 환경에 민감하게 반응하는 것은 사실이지만 전적으로 지배를 받는 것은 아니다. 내면의 환경이 존재하기 때문이다. 개인은 어떠한 일도 회의할 수 있고 자신의 감정을 비판적으로 검토할 수 있다. 바로 이것이 인간의 특성 아닌가. 따라서 이런 인간의 특성을 무시하고 개인의 행복을 사회에 맡길 수는 없다.

그렇다면 여전히 행복은 사회에도 개인에도 존재하지 않는다. 그리고 이런 어정쩡함이 우리 비극의 원천이기도 하다. 노스럽 프라이(Northrop Frye)는 이렇게 말한다. "우리 자신과 비슷한 인간이 내적인 세계와 외적인 세계의 대립, 상상적인 현실과 사회의 공동의지에 의해서 구축된 현실과의 대립 등으로 인하여 어떻게 몰락해가는가를 보여주는 이야기가 그 중심을 이루고 있는 것이다."[7] 상상적인 현실과 사회가 구축한 현실과의 대립으로 우리는 비극에 빠진다. 특히 상상하는 현실이 커지면 커질수록 우리는 고립되고 외로울 수밖에 없다. 고로 개인만을 중시하는 개인주의는 고립과 외로움을 불러온다고 볼 수 있다.

/

가짜

관계

/

개인주의가 불러오는 고립과 외로움은 가짜 관계 맺기로 나타난다. 지하철에서 버스에서 그리고 까페 안에서 사람들은 거의 모두 스마트폰을 들여다보고 있다. 참으로 집중한다. 드라마도 보고 영화도 보고 뉴스 검색도 하며 자신이 좋아하는 블로그를 방문하기도 한다. 사람들은 더이상 심심해 보이지 않는다. 스마트폰을 커기만 하면 온갖 세상을 만날 수 있으니까. 하지만 이런 모습을 보면 사람들이 외롭다는 생각이 다시 한번 든다. 외로우니까, 혼자 있으면 어떻게 해야 할지 모르니까 스마트폰에 매달려 있다는 생각이 든다. 옆에 앉아 있는 사람과 말을 하기는 싫다. 말을 걸어오는 것은 더더욱 싫다. 혼자 있는 게 편하다. 하지만 조금은 어색하다. 그럴 때 스마트폰을 꺼내면 된다.

스마트폰이 없던 시절에는 버스나 지하철이 꽤나 시끄러웠다. 모르는 사람끼리 인사를 나누기도 했으며 쓸데없이 옆에 앉은 학생 이름을 물어보거나 학교생활에 대해 묻는 어른들도 많이 있었다. 당시 사람들은 대부분 이런 면을 싫어했다. 모르는 어른이 어른이라는 이유만으로 이것저것 아무렇지도 않게 물어보고 충고해주는 것을 받아들이기 어려워했다. 그런데 요즈음 사람들은 그 시절을 조금은 그리워하는 듯하다. 모두 스마트폰을 응시하면서 말없이 있는 장면은 정지된 화면을 보는 것 같기 때문일 것이다.

사람들은 스마트폰이나 인터넷을 통해 세상과 관계를 맺는다고 여기는 듯하다. 인터넷을 통해 더 넓은 세상과 접속할 수 있고 그곳에서 새로운 친구도 사귈 수 있고 만날 수 있으니까. 그리고 스마트폰을 통해 전송된 사진을 보면서 스마트폰이 없었다면 볼 수 없었던 친구를 보게 된다고 좋아하는 것 같다. 인터넷이 우리에게 새로운 세상, 새로운 기회를 준다는 것은 일견 맞는 말이다. 하지만 우리가 인터넷을 통해 만나는 세상은 실제로 다른 사람과 같이 있는 공간이 아니다. 이런 상황을 데릭 젠슨(Derrick Jensen)은 『거짓된 진실』에서 다음과 같이 말한다.

　진실은 내가 어두컴컴한 방 안에서 삐걱거리는 딱딱한 의자에 혼자 앉아 있다는 것이다. (…) 나는 발목에 땀이 밴 채로 컴퓨터 화면을 응시하고 있다는 것이 진실이다. 내가 어떤 상상을 하더라도 진실은 내가 혼자 있다는 것이다. 내 몸을 만질 것은 내 손이지 다른 사람의 손이 아니라는 것이다. 내 몸 말고는 그 어느 누구의 몸도 이 장면 속으로 들어오지 않는다.[8]

　그렇다. 진실은 내가 혼자라는 것이다. 화면 속의 손이 내 몸을 만질 수는 없는 것이다. 그런데도 우리는 다른 사람과 함께하고 있다는 착각 속에 빠져 있다. 이것이 가짜 관계다.

　개인주의 시대의 개인은 외롭다. 하지만 인간은 사회적 동물이라 남과 관계를 맺지 않으면 살기 어렵다. 개인주의 시대는 그런 관계를 하나에서 열까지 자신이 만들고 유지해야만 한다. 가족도 예외가 아니다. 예전에는 개인이 지금처럼 개별화되지 않았다. 가족의 일원이었을 뿐이다. 따라서 가족이란 공동체가 자신의 삶이었다. 따로 가족과 관계를 맺기 위해 의식적으로 노력할 필요는 없었다. 당연하게 받아들였다. 이웃도 마찬가지다. 마을은 모두 어떤 식으로든 연결되어 있었기에 이웃과의 관계도 태어나면서부터 정해져 있었다. 어찌 보면 비합리적인 요소도 있었겠지만 의식적으로 인간관계를 맺으려 노력하는 수고는 덜 수 있었다.

개인주의 시대의 개인은 고립되어 있고 고립에서 벗어나기 위해 페이스북도 하고 카카오톡도 하며 열심히 관계 맺기를 시도한다. 그런데 문제는 이런 관계가 대개는 앞에서 본 대로 가짜 관계라는 것이다. 진실은 홀로 있다는 것이다. 이 문제를 해결하기 위해 개인은 무던히 애를 쓴다. 인간관계에 관한 책을 사서 읽어보기도 하고 강연을 듣기도 하고 SNS를 해보기도 한다. 하지만 살덩이를 갖고 냄새를 풍기는 인간을 맞닥뜨리면 다시 모든 것이 낯설고 두려워진다. 가짜 관계에 둘러싸여 진짜 관계를 맺을 기회를 잃어버리는 것이 현실이다. 진짜 관계를 맺을 기회가 줄어든다면 아마 행복도 점차 찾기 어려워질 것이다.

시장의 모든 가치는 돈으로 환산된다.

개인의 가치 역시 명쾌한 숫자,

즉 연봉으로 표시된다.

우리는 연봉이 높은 사람이

능력도 뛰어나다고 생각한다. 그리고

고액의 연봉을 받기 위해 최선을 다한다.

그렇다면 숫자가 우리를 지배하는 현실은

우리 스스로 만든 게 아닐까.

2세기 이상 맹렬하게 진행된 자본주의와

우리의 행복은 과연 어떤 관계가 있을까?

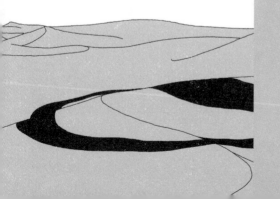

07

시장이 삼킨 행복

/

팔지 말아야 할 것을

판 댓가

/

퇴직을 한 사람들을 만나보면 시간이 상당히 지났음에도 분노가 여전히 남아 있음을 느낀다. 자신이 30년을 바쳐 일한 직장인데 결국 자신을 버렸다는 씁쓸함을 채 해소하기도 전에 노후대비도 튼실하지 않다는 현실을 새삼 깨달은 것도 한 원인일 것이다.

그런데 더 근본적인 원인은 아마도 자신의 30년 세월이 흔적도 없이 사라졌다는 데에 있을 것이다. 자동차 회사에 다녔다 해도 자신이 만든 자동차라고 말할 수는 없다. 부품을 조립했어도 그렇고, 설계에 참여했다 해도 그렇고, 영업을 했다 해도 마찬가지다. 게다가 퇴직 후에 자신이 몸 바쳤던 회사가 이름을 바꾸거나 아예 없어져버리기라도 한다면 거의 허탈감 수준에 이르게 된다. 이때 여러가지 문제가 한꺼번에 몰려온다. 가족이 타인처럼 느껴지고 친구들과의 만남도 공허해진다. 몸도 아파온다. 그리하여 자신의 인생을 돌아보고 반성하며 새로운 출발을 결심해보지만 그마저 여의치 않다.

이런 상황에 처했을 때 사람들은 보통 개인 차원에서 반성을 하며 개인 차원에서 해결책을 찾으려 한다. 사회적 구제를 요청하는 대신 개인적으로 마음의 평안을 추구하기도 한다. 이 방법이 현실적이고 현명하다고 해도 근원적인 원인을 찾아내는 길은 아니다. 근원적인 것은 사회적이기 때문이다. 사회가 개인에게 팔 수 없는 것과 팔아서는 안 되는 것을 팔게 하고, 팔지 않으면 살아갈 수 없게 만드는 제도가 원인이라는 뜻이다.

일생 직장을 다녔다는 것은 노동을 제공했다는 의미이고, 다른 말로 하자면 돈을 받고 노동을 팔았다는 의미이다. 이것이 무슨 문제가 되느냐고 반문할 수 있다. 즉 회사에 노동을 제공하지 않는 사람이 어디 있느냐고, 그리고 노동을 사고파는 시대 아니냐고 물을 수 있다. 물론 그렇다. 하지만 바로 그것 때문에 사람들은 퇴직 후 더 외로움을 느끼는 것이다. 물론 재직 시에는 급료를 받고 생활했기에 외로움을 덜 느꼈을 테고 그럴

여유도 없었겠지만, 퇴직은 그런 장치를 제거함으로써 근본적인 문제를 드러내는 것이다. 칼 폴라니(Karl Polanyi)는 『거대한 전환』에서 토지·노동·화폐는 상품이 아니라고 말한다.

토지·노동·화폐는 분명 상품이 아니다. 매매되는 것들은 모두 판매를 위해 생산된 것일 수밖에 없다는 가정은 이 세 가지에 관한 한 결코 적용될 수 없다. (…) 노동이란 인간 활동의 다른 이름일 뿐이다. 인간 활동은 인간의 생명과 함께 붙어 있는 것이며, 판매를 위해서가 아니라 전혀 다른 이유에서 생산되는 것이다. 게다가 그 활동은 생명의 다른 영역과 분리할 수 없으며, 비축할 수도 사람 자신과 분리하여 동원할 수도 없다. 그리고 토지란 단지 자연의 다른 이름일 뿐인데, 자연은 인간이 생산할 수 있는 것이 아니다. 마지막으로 현실의 화폐는 그저 구매력의 징표일 뿐이며, 구매력이란 은행업이나 국가 금융의 메커니즘에서 생겨나는 것이지 생산되는 것이 아니다. (…) 그러므로 노동·토지·화폐를 상품으로 묘사하는 것은 전적으로 허구이다.[1]

여기에서 노동에 집중해보자. 칼 폴라니는 노동이란 분명 상품이 아니라고 한다. 즉 돈을 받고 사고팔 수 있는 대상이 아니라는 것이다. 중세에는 돈을 받고 노동을 제공한다는 것은 상상하지도 못했다고 그는 말한다. 즉 역사적으로 볼 때 계급사회에서의 노동은 계급의 의무이거나 다른 이유에서 행해졌을 뿐 전혀 상품이 아니었다는 것이다. 그는 시장이라는 것도 고대에는 없었다고 한다. 마르셀 모스(Marcel Mauss)는 『증여론』에서 시장 대신 포틀래치(potlatch)가 있었다고 주장한다. 이 제도는 언뜻 물물교환처럼 보이지만 시장으로서 기능한 것이 아니라 전체적인 사회체제, 즉 선물을 주고받는 체제의 일부로 기능했다는 것이다.

우리는 지금의 시장을 당연시하고 아주 오래전부터 있어왔다고 소급하려는 경향이 있다. 하지만 폴라니에 의하면 이는 역사적 사실이 아니다. 1750년경 자본주의가 등장하기 전까지는 지금과 같은 시장이라는 개념이 없었다. 지금은 자유시장에서 수요와 공급에 의해 가격이 결정되며, 사람의 노동력도 수요공급 법칙에 따라 시장에서 가격이 결정된다. 이는 자본주의 이전에는 없었던 일이다.

폴라니에 의하면, 상품일 수 없는 노동이 시장에서 상품으로 거래되는 데에서 우리의 비극이 시작한다. 노동자 개인에게서 노동을 분리할 수는 없는 것인데 시장은 노동을 자신과 분리할 수 있다고 세뇌시켰다. 하루 8시간 노동, 주 5일 근무 등의 말은 듣기에는 좋다. 하지만 막상 일을 하게 되면 하루 24시간 전부 일에 잡혀 있기 십상이다. 휴일에도 출근하는 경우가 있을 뿐 아니라 일과 관련한 전화가 걸려오기도 일쑤다. 어쩌면 늘 직장이나 일에 묶여 있는 것이다.

일에 얽매여 있을 뿐 아니라 일과 자신이 분리되지도 않는다. 일하러 나갈 때에는 자신의 일부를 집의 서랍에 남겨놓고 나갈 수 있는 것처럼, 그리고 일과가 끝나면 남겨진 일부와 일에서 돌아온 자신의 일부가 결합할 것처럼 착각할 수도 있지만 현실은 그렇지 않다. 인간과 노동은 원래 분리 불가능하기 때문이다.

게다가 노동은 비축될 수 없다. 어제 10시간 일했으면 오늘은 6시간만 일해도 되는가? 그렇지 않다. 그날그날 일해야만 한다. 비축이 되지 않으므로 몸을 크게 다쳐 일터에 나가지 못하면 내가 일하던 자리는 다른 사람의 차지가 된다. 20년을 일했어도 노동력을 상실하면 상황을 되돌릴 수 없다. 20년간의 노동으로 돈을 비축했을 수는 있으나 노동 자체는 비축할 수 없다. 즉 노동은 인간의 활동 자체이지, 비축 가능한 상품이 아니며 인간과 분리될 수도 없다. 그런데 자신과 분리시키고 상품처럼 사고팔기 때문에 인간은 자신의 노동에서 소외되는 것이고 그리고 이 소외는 불행을 가져올 수밖에 없다.

오늘날 우리는 물건과 인간을 분리해서 보는 데 익숙하다. 냉장고는 돈을 주고 사면 내 것이 된다. 만든 사람과는 아무런 연관이 없다고 여긴다. 당연하지 않은가. 많은 부품이 투입되어 조립되었겠지만 그 사람들과 냉장고가 무슨 관련이 있는가. 상품으로 나온 이상 돈을 주고 사면 그뿐이다. 물건을 만든 사람은 물건과 분리된다. 옛날에는 그렇지 않았다. 물건도 영혼을 갖고 있었다. 마르셀 모스는 이렇게 말한다.

> 팔린 물건이라도 그것은 여전히 영혼을 갖고 있으며, 그
> 예전의 소유주는 그것을 지켜보고 또한 물건 그 자체도 그
> 예전의 소유주를 따라다닌다. (…) 즉 새로 산 가축들이 자신
> 들의 옛 주인을 잊고 '자기 집'으로 돌아가고 싶은 생각이 들
> 지 않도록 하기 위하여 축사 문 위에 댄 가로대에 십자가를
> 만들었고, 산 사람은 그 판 사람의 고삐를 갖고 있었으며, 또
> 한 그 가축들에게는 손으로 소금을 뿌렸다. (…) 예를 들면
> 팔린 물건은 두들기거나, 또는 팔린 양은 채찍으로 쳐야 한
> 다는 것을 보여준다.[2]

우리는 더이상 이런 습속을 따르지 않는다. 생물이라 할지라
도 사오면 내 것이고 팔면 남의 것이다. 어떤 의식도 행하지 않
는다. 우리는 물건에서도 분리되어 있다. 노동과 물건 모두에
서 분리되어 있는 우리는 외롭다.

일이 인생에서 차지하는 비중은 크다. 단순히 크다고 말할
수 없을 정도로 크다. 일과 삶을 분리하기 어려울 정도다. 이렇
게 큰 비중을 차지하는 일이 우리 자신과 분리되어 있다면 행
복할 수 없을 것이다. 사람들은 좋아하는 일을 열심히 한다면
행복은 어느덧 옆에 와 있다고 말한다. 즉 행복을 생각하지 말
고 자신이 좋아하는 일을 열심히 하면 저절로 행복해진다는 것

이다. 과연 그럴까?

자본주의 사회에서 일은 우리 자신과 분리되어 있다. 일의 성과도 자신의 것이 아니다. 낯설다. 누구의 것인지 분명하지 않다. 왜냐하면 처음부터 상품이었기 때문이다. 노동시장이라는 말은 우리에게 친숙한 용어다. 노동도 사고파는 상품이 된 시대다. 이런 시대에 과연 우리가 행복해질 수 있을까?

1장에서 행복해지는 방법을 알려주는 심리학자의 연구를 보았다. 결과로서 제시한 행복 비법은 "집에서 그리 멀지 않은 안정적인 일터에서 즐겁게 일하고 동료들과 한잔 걸친 후 집에 가서 섹스하는 것!"이다. 여기에서 "안정적인 일터에서 즐겁게 일하고"에 주목해보자. 아무런 문제가 없어 보이지만 설사 안정적인 일터에서 즐겁게 일한다고 해도 일하는 우리는 노동시장의 상품이다. 그리고 상품가치는 언제나 변동하며 불안정하다.

자신의 가치를 높이라는 비슷비슷한 자기계발서가 베스트셀러가 되는 것도 이와 무관하지 않다. 자신의 상품가치를 높이라는 주문인데, 자신이 상품이라는 것을 전제하고 있는 말이다. 시장 상황에 따라 언제나 가치가 오르락내리락하는 상품의 의미로 노동을 제공하는 한 "안정적인 일터"는 환상일 뿐이다. 그것은 일시적인 수요·공급의 일치를 말할 뿐 자신의 원래 모습의 반영이 아니다. 자신은 노동과 분리되어 있기 때문이다. 우리는 노동시장에서 상품일 뿐 인격이 아니다.

노동시장에서 개인의 가치는 연봉으로 표시된다. 연봉이 높을수록 자부심이 높아진다. 자신의 가치가 상대적으로 높다는 것을 과시할 수 있게 된다. 따라서 연봉은 단순한 돈이 아니라 자기 가치의 바로미터이다. 숫자로 명료하게 표시되므로 비교하기에 아주 편리하다. 우리는 연봉이 높은 사람이 능력이 뛰어나다고 생각한다. 그리고 고액의 연봉을 받기 위해 최선을 다한다. 그리고 아주 높은 연봉을 받게 되면 돈은 부차적이며 더 중요한 것은 일이고 일에서 의미를 찾는다고 점잖게 말한다. 하지만 이런 발언도 고액 연봉이나 소득을 밑에 깔고 하는 말이다. 연봉은 우리의 노동이 얼마나 상품화되었는지를 말해준다. 이와 동시에 왜 숫자가 우리를 지배하게 되었는지도 새삼 돌아보게 한다.

/

추상화는

위험하다

/

시장에서 모든 가치는 돈으로 측정되고 환산된다. 상품은 유형이든 무형이든 모두 돈으로 가치를 매기는데, 문제는 돈이 지폐나 동전 같은 물질이 아니라 추상적인 씨스템이라는 것이다. 돈이라고 하면 당연히 5만원권이나 500원짜리 동전을 말한다고 생각하는가. 그렇지 않다. 화폐개혁을 생각해보라. 갑자기 법령을 선포하여 구화폐는 3천만원까지만 신화폐로 교환해 준다고 하면 교환되지 못한 화폐는 종잇조각이 되고 만다. 한편 한국은행에서 발행한 지폐는 세계 어느 나라에서나 사용할 수 있는 건 아니다. 그것이 다른 나라에서도 통용되려면 국가 간의 협정이 필요하다. 왜 외국에 가서는 다른 나라 돈으로 바꿔야 하는가. 나라마다 통화 씨스템이 다르기 때문이다.

이렇게 생각해보면 돈이란 지폐처럼 구체적인 형태를 지닌 것이 아니다. 추상적인 씨스템이다. 앞의 폴라니의 발언 중 "현실의 화폐는 그저 구매력의 징표일 뿐이며, 구매력이란 은행업이나 국가 금융의 메커니즘에서 생겨나는 것이지 생산되는 것이 아니다"라는 말에 주목해보자. 1차대전 후 독일의 지폐는 인플레이션으로 인해 도배지로 쓰였다. 땔감을 사느니 돈을 태워 몸을 덥히는 것이 더 경제적이었다. 즉 금융 메커니즘이 붕괴한 것이다.

화폐는 씨스템의 징표일 뿐인데 왜 이것이 행복을 위협하는가? 구매력을 의미하는 돈은 숫자로 표시되며, 숫자는 추상이기 때문에 아무리 쌓여도 실감할 수 없다는 데 원인이 있다. 옛날에는 부자를 만석꾼이라 불렀다. 곡식이 창고에 가득하다는 의미였다. 화폐가 지금과 같은 씨스템에서 작동하지 않았던 옛날에는 물건을 많이 쌓아둔 사람이 부자였다.

오늘날 돈은 기본적으로 통장에 찍히는 숫자다. 이 숫자는 쌀이 아니며 빵이 아니다. 그저 숫자일 뿐이다. 하지만 씨스템의 보장으로 쌀이나 빵을 살 수 있는 구매력을 갖는다. 문제는 창고는 한정되어 있지만 통장의 숫자는 무한대라는 것이다. 우리는 아무리 노력해도 무한이라는 숫자를 채울 수 없다. 따라서 근본적으로 만족이라는 개념이 없다. 부자라 할지라도 만족하지 않고 더 부자가 되려고 노력할 수밖에 없으며, 노력에 따라 숫자를 크게 늘릴 수는 있어도 항상 더 큰 숫자가 있기에 만족할 수 없다. 이것이 비극의 원천이다. 데릭 젠슨은 『거짓된 진실』에서 다음과 같이 말한다.

우리 경제(그리고 우리 사회)의 기초는 추상화다. 우리 경제 체제의 보상은 돈으로 하게 되어 있다는 말이다. 그것은 단지 어떤 가치가 있다고 사회 전체가 동의하는 숫자일 뿐이지, 손으로 만질 수 있는 물건이 아니다. 그러한 추상화에 기초하고 있기 때문에, 우리 문화의 보상으로는 소유욕을 결코 만족시키지 못한다. 아귀처럼, 우리는 세상을 먹어치우지만 배부른 줄을 모른다. 우리는 우리가 필요한 것보다 더 많이, 우리가 평생 쓸 수 있는 것보다 훨씬 더 많이 쌓아둘 수 있다. 그러나 은행 통장에 얼마나 높은 수까지 기록될 수 있는지는 한계가 없기 때문에, 부를 축적하는 사람은 더욱더 많이 축적하는 것으로 계속해서 보상을 받는다.[3]

추상화는 우리의 감각을 마비시킨다. 2억 8500만 달러가 어

제2부 행복 신화를 만든 것들

느 정도의 돈인지 짐작이 가는가? 2억 8500만 달러와 100만 달러를 비교하면 당연히 전자가 크다고 생각하지만 실감이 나지는 않는다. 하지만 데릭 젠슨이 제시하는 2억 8500만 달러는 조금 더 실감날 것이다. 그는 "1990년 전세계가 2.5시간 동안 군사비에 쓴 돈이면, 천연두가 1970년대에 이미 사라졌을 것이다. B1 폭격기 한대 값이면, 즉 2억 8500만 달러면, 대충 계산해도 전세계 5억 7500만 어린이들에게 수두, 디프테리아, 홍역 등 기본 예방주사를 맞힐 수 있다. 그렇게 하면 매년 2500만명의 목숨을 구할 수 있다"[4]라고 말한다. 폭격기 한대 값이면 2500만명의 목숨을 구할 수 있다고 한다. 그는 2억 8500만 달러라고 말하지 않았다. 그냥 폭격기 한대 값이라고 했을 뿐이다. 이렇게 이야기하면 우리는 그림을 그릴 수 있다. 하지만 돈의 액수, 즉 2억 8500만 달러가 2500만명의 생명을 구할 수 있다고 하면 머릿속에 무엇이 그려지는가? 그런 것이 있는지 의심스럽다. 우리나라 예산도 한해에 300조원이 넘는다는데 도대체 실감이 나지 않는다.

우리는 돈을 매개라고 생각하지만 이는 오산이다. 돈은 추상화 사회의 징표와 같다. 우리 사회는 숫자를 통해 고도로 추상화되어 있다. 연봉으로 사람의 가치를 책정하고 이적료의 액수로 선수의 가치를 입증한다. 모든 보상은 돈으로 이뤄진다. 올림픽 금메달리스트에게도 물론 돈으로 보상이 주어진다. 돈으로 보상되기에 명예는 부차적인 것이 되고 만다.

제2부 행복 신화를 만든 것들

부자는 추상화 사회에 살고 있으므로 자신이 얼마나 부자인지 실감하지 못한다. 따라서 계속 더 부자가 되려 한다. 게다가 자본주의 사회에서 경쟁에 이겨 부자가 된다는 것은 전혀 죄악이 아니다. 오히려 칭송의 대상이 된다. 그리하여 부자는 더욱더 부자가 되고 가난한 사람은 더욱 가난해진다. 이것은 자본주의 초기부터 예견되어왔다. 그것을 뒷받침하는 논리와 이론도 제공되었다. 바로 공리주의다. 역시 행복의 배후에는 언제나 공리주의가 등장한다. 폴라니는 다음과 같이 말한다.

> 결국 두개의 다른 민족이 생겨난 것이다. 전대미문의 부가 전대미문의 빈곤과 불가분의 하나라는, 당대의 사유하는 정신이라면 실로 당혹스러울 수밖에 없었던 사태가 현실로 판명되었던 것이다. 학자라는 이들은 한목소리로 인간세계를 지배하는 법칙을 일체의 의혹 없이 밝혀내는 정치경제학이라는 새로운 과학이 발견되었다고 합창했다. 그리고 바로 이러한 법칙들의 명령에 따라서 사람들은 가슴에서 동정심을 잘라내버렸고, '최대 다수의 최대 행복'의 이름으로 마땅히 동료 인간들에 대한 연대를 부인해버려야 한다는 무정한 결단이 세속적 종교의 위엄과 휘광을 뒤집어쓴 채 횡행하게 되었다.[5]

'최대 다수의 최대 행복'이라는 이름으로 동료 인간들에 대한 연대를 부인할 수 있는 것은 바로 양화 탓이다. 즉 숫자로 표시하기 때문이다. 어떤 정책의 채택 여부가 쟁점이 되었을 때 사람들은 '최대 다수의 최대 행복'을 들고 나와서 '최대 다수'와 '최대 행복' 모두를 숫자로 보여준다. 예를 들어 이런 식이다. 어떤 정책을 실시하면 80퍼센트의 국민이 월 20만원의 혜택을 더 볼 수 있다고 말한다. 그러면 이 정책은 절대다수의 사람들에게 이익이라는 이유로 채택된다. 그리고 우리는 여기에 해당되지 않는 사람들에게는 눈을 감아버린다. 왜? 숫자로 명확하게 보여주었기 때문이다. 우리는 해당 없는 20퍼센트의 개개인을 머릿속에 떠올릴 수가 없다. 왜냐하면 우리가 상대했던 것은 숫자 80퍼센트이기 때문이다. 숫자는 가치중립적이며 추상적이다.

추상화는 경제의 근간에 자리하고 있다. 경제라고 하면 제조업을 중심으로 은행이 뒷받침하는 시대를 떠올리는 사람이 아직도 있을지 모른다. 하지만 지금은 그런 시대가 아니다. 데이비드 하비(David Harvey)는 『자본이라는 수수께끼』에서 "자동차 회사들은 이제 기술자들이 아니라 회계사들에 의해 경영되었으며, 소비자 대출을 담당하는 금융부서의 수익성이 매우 높았다"[6]라고 말한다. 기술자가 구체적인 부품을 다루는 사람들이라면 회계사는 숫자만을 다루는 사람들이다. 자동차 회사조차 숫자가 지배하게 된 것이다. 그는 지금 세계경제는 더더욱 추상적인 상품에 지배당한다고 말한다.

그림자금융씨스템(shadow banking system)으로 알려진 제도가 주도하여 낯설고도 새로운 시장들이 등장했는데, 이는 신용스와프와 통화파생상품 같은 것들에 대한 투자를 가능하게 했다. 선물시장은 공해배출권 거래에서 기후까지 모든 것을 대상으로 했다. 이 시장들의 규모는 1990년 거의 제로에서 2005년에는 약 250조 달러(당시 전세계의 총산출은 45조 달러에 불과했다)가 되었고 2008년에는 아마도 600조 달러에 이를 것이다. 투자자들은 이제 자산가치의 파생상품과 궁극적으로는 자산가치의 파생상품에 대한 보험계약의 파생상품에까지 투자할 수 있게 되었다. 이러한 상황에서 헤지펀드가 성행했고 이에 투자한 이들은 엄청난 이윤을 거둬들였다. 헤지펀드를 경영하는 이들은 거대한 부를 모았다(이들 중 몇몇은 2007년과 2008년, 두해 동안 매해 10억 달러 이상의 소득을 벌었고 최상위 경영자들의 수익은 30억 달러에 이르렀다).[7]

공기도 사고판다는데 한 국가의 공기가 어떤 부분인지 알 수도 없고, 어떻게 누구의 것도 아닌 것을 사고파는지 이해가 가지도 않는다. 실제로 생산에 종사하는 사람들의 산출보다 몇 배나 많은 규모의 거래가 추상적 시장에서 이루어지고 있다. 파생상품의 파생상품, 그리고 그것에 대한 보험 등 도대체 어떻게 돈을 번다는 것인지 이해하기 힘들다. 하지만 현실에서 이들은 상상할 수도 없는 돈을 번다. 이해할 수 없는 일 앞에서 사람들의 분노가 하늘을 찔렀고 급기야 '월가를 점령하라'(Occupy Wall Street)는 행동이 나타나기도 했다. 하지만 이것으로 문제가 해결되지 않는다. 잠시 정의가 소리를 높이는가 했으나 곧 사라진다. 금융이 국가와 결속하고 있기 때문이다. 국가가 법으로 금융을 보호하고 합법적인 수단을 제공하고 있기 때문에 일반 시민의 외침은 공허하다. 데이비드 하비는 이를 "국가-금융 연관"(state-finance nexus)이라고 부른다.

시대 상황이 이러하니 젊은 사람들은 금융업종을 가장 선망하고 소위 3D업종은 회피한다. 제조업계는 구인난을 호소하면서 이주노동자를 고용하고, 금융업계는 몰려드는 지원자를 가려뽑기에 바쁘다. 구체적인 일, 몸을 움직여 하는 일에서 가장 추상적인 숫자를 조작하는 일로 중심이 이동한 것이다. 이런 시대에 사람들은 추상적인 것에서 행복을 얻을 수 있을까? 숫자 속에서 무엇을 깨닫고 어떤 느낌을 받을 수 있을까?

숫자는 중립적이고 무정하다. 몸무게를 잴 때를 생각해보라. 저울은 올라가는 사람이 누구인지 전혀 관심이 없다. 그저 맡은 바를 수행할 뿐이다. 행복을 권하는 사람들은 인간의 행복이 관계 속에 있다고 끊임없이 말한다. 그런데 관계의 대상이 숫자라면 뭐라고 말할 것인가? 아마 때때로 일을 놓고 휴가를 즐기라고 권하지 않을까. 하지만 휴가가 끝나면 또 대부분의 시간을 숫자와 마주해야만 한다.

부자를 위한

기부

/

추상화가 극에 달한 시대, 돈을 숭배하는 시대에 양극화 문제는 빼놓을 수 없는 주제다. 이 문제를 해결하지 않고 행복을 말하기는 어려울 것이다. 가난한 사람이 아무리 열심히 일해도 가난에서 벗어날 수 없을 뿐 아니라 점점 더 부자와의 격차가 벌어지는 사회에서, 더욱더 부자가 되는 사람을 제외하고 누가 행복하다고 말할 수 있겠는가. 부자라고 과연 행복하다고 말할 수 있을까?

양극화 문제는 자본주의가 처음부터 품고 있던 문제였다는 것은 앞선 폴라니의 말에서도 알 수 있었다. 그는 "결국 두개의 다른 민족이 생겨난 것이다. 전대미문의 부가 전대미문의 빈곤과 불가분의 하나라는, 당대의 사유하는 정신이라면 실로 당혹스러울 수밖에 없었던 사태가 현실로 판명되었던 것이다"라고 말한다. 그렇다면 해결책은 무엇인가? 이 역시 초기에 제시되었다. 그것은 기부이다. 폴라니는 벤섬의 견해를 다음과 같이 소개하고 있다.

사회의 번영이 가상 높은 단계에 도달하게 되면 다수의 시민들은 자기들의 일상 노동 이외에는 별 자원이 없게 될 가능성이 높고 따라서 항상 가난한 상태로 수렴해갈 것이다."
그래서 그는 "가난한 이들의 결핍을 메워주기 위해 정규적인 기부제도가 확립되어야만 한다"고 제안하지만, 유감스럽게도 이렇게 되면 "이론상으로는 결핍이 줄어들어버리기 때문에 결국 산업이 타격을 입을 것이다"고 덧붙이기를 잊지 않았다. 공리주의의 관점에서 보면, 산업을 위해서는 굶주림이라는 육체적 제재가 효력을 발휘할 수 있도록 결핍 상태를 증대시키는 것이야말로 정부의 과제라는 것이다.[8]

기부가 충분해서 결핍이 해소되면 값싼 노동력 확보에 문제가 생기므로 정부는 결핍 상태를 어느정도 유지해야 한다는 벤섬의 이야기는 다소 가혹해 보인다. "어느정도"라고 했지만 실제로 벤섬은 "증대시키는 것"이라고 말했다. 냉혹하게 들리는 이 말에는 일말의 진실도 담겨 있다. 오늘날 빌 게이츠 같은 부자들이 천문학적인 금액을 기부하지만 좀처럼 가난이 해소되지 않는 현실을 달리 어떻게 설명하겠는가.

가난한 사람이 평생 모은 재산을 장학기금으로 기부했다는 기사를 가끔 보지만 그렇게 해서 가난한 사람의 결핍이 채워질리 만무하다. 수많은 사람들이 아프리카에 기부를 하고 봉사하러 간다고 해도 아프리카의 가난은 사라지지 않는다. 어느정도 가난을 방치하고 조장하는 것이 아닐까 하는 의심이 들 정도다. 벤섬은 정기적인 기부제도 확립을 주장했다. 우리도 정기적인 기부를 권하는 사회에 살고 있다. 하지만 굶주림이라는 육체적 제재가 노동력 동원에 가장 효과적이라는 공리주의적 관점 역시 여전하다.

『증여론』에 의하면 포틀래치에서는 파산할 정도로 베푸는 것이 관습이었다고 한다. 믿기 어려운 이야기이지만 사실이다. 마르셀 모스는 이렇게 말한다. "사실 그리고 실제로 그곳에서는 유용한 물건들을 던져버리고 많은 음식물을 지나치게 먹어치울 뿐만 아니라 파괴의 즐거움을 위해서 파괴하기도 한다. 예를 들면 침시아족·틀링깃족·하이다족의 추장들은 동판과 화폐를 물 속에 던지며, 콰키우틀족 및 그들과 동맹을 맺은 부족들의 추장들은 그것들을 부숴버린다."[9] 이것은 물론 무사무욕(無私無慾)한 행위는 아니다. "추장과 가신 사이, 가신과 그 추종자 사이에는 이러한 증여에 따라 위계서열이 확립된다. 준다는 것은 자기의 우월성, 즉 자기가 더 위대하고 더 높으며 주인이라는 것을 나타내는 것이다. 답례하지 않거나, 더 많이 답례하지 않으면서 받는다는 것은 종속되는 것이고, 손님 또는 하인이 되는 것이며, 작아지는 것이고 더 낮은 지위로 떨어지는 것이다."[10]

하지만 거기서 그치지 않는다. 이러한 행위는 자본의 축적을 막아서 사회적 평등을 유지하는 데 더 유용하게 작동했다. 데이비드 하비는 이에 대해 다음과 같이 말한다.

물론 황금에 대한 개인의 갈망은 전혀 새로운 것이 아니다. 그러나 화폐적 부의 소유로 인해 얻을 수 있는 개인권력의 과도한 집중을 제한하기 위한 사회씨스템이 오래전부터 만들어져왔다. (…) 인류애에 기초한 관용은 자본주의 역사 내에서도 오랜 전통이다. 카네기, 포드, 록펠러, 게이츠, 레버흄, 쏘로스 재단 등을 생각해보라. 바띠깐(Vatican) 같은 비자본주의적 제도도 개인의 부를 흡수할 수 있다.[11]

부의 축적은 양극화를 가져올 수밖에 없는데 이를 완화하는 방책 중 하나가 기부이다. 하지만 기부는 결코 기본구조에 영향을 주지 못한다. 오히려 강화하는 측면이 있다. 포틀래치 같은 방식이 아니라면 기부는 공리주의의 술책 중 하나라고 할 수 있다.

개인적인 관점에서 보자면 기부는 행복을 증진시키는 데 매우 유용하다. 가진 것이 많지 않음에도 어렵게 모은 재산을 자신보다 더 가난한 사람들에게 나누어주는 사람들의 행복한 미담을 신문이나 방송을 통해 쉽게 볼 수 있다. 그리고 그들의 행복을 의심할 하등의 이유가 없다. 정말로 그들은 행복을 느낄 것이다. 요즘은 재능기부라는 것도 생겨났다. 돈이나 물질이 없다면 자신이 가진 재능으로 남을 행복하게 해줄 수 있고 자신도 행복해질 수 있다고 한다.

개인적 차원에서의 기부, 특히 가난한 사람이 하는 기부가 사람들에게 행복을 준다는 것을 인정한다 해도 사회적 차원에서 보자면 그들의 선행은 오히려 부자들의 기득권 강화에 이용될 수 있다. 가난한 사람의 기부는 부의 축적을 완화하는 기부의 본래 기능에서 크게 벗어나 있다. 다른 사람이 행복해야 자신도 행복할 수 있다는 구호를 내걸고 기부를 사회적 분위기로 몰아가면 정작 중요한 양극화라는 근본문제가 감춰질 수 있기 때문이다.

기부를 독려할 것이 아니라 기부가 필요없는 사회를 만들어야 문제가 해결된다. 근본적인 문제가 해결된 후에도 기부를 멈추지 않는다면 그 순수성은 의심받지 않을 것이다. 아프리카에까지 가서 우물을 파주는 사람은 훌륭하다. 하지만 아프리카의 빈곤은 자원을 둘러싼 전쟁에서 비롯되며, 전쟁은 선진국이 조장한다는 의심을 거두기 힘든 것도 사실이다. 서구의 선진국이 전쟁을 조장해서 자원을 확보하고, 전쟁을 일으켜서 무기를 팔고, 전쟁이 끝나면 재건이란 명목으로 건설사업을 한다는 비판도 무시할 수 없다. 이런 구조를 바꾸지 않는다면 아프리카는 전쟁과 빈곤에서 벗어날 수 없을 것이다.

기부와 관련해 꼭 짚고 넘어가야 할 문제는, 기부가 받는 사람에게 모욕감을 줄 수 있다는 사실이다. 일본에서는 매년 100명 정도가 굶어죽는다고 한다. 경제대국에서 이렇게 많은 사람이 아사(餓死)를 한다는 것은 쉽게 이해가 가지 않는다. 그런데 꽤 많은 사람이 자존심 때문에 생활보호대상자로 등록하기를 꺼린다고 한다. 아마 우리나라에서도 마찬가지일 텐데 제도만으로 인간의 심리를 다스릴 수 없음을 보여주는 것이다.

흔히 듣는 말 중에 '머리털 검은 짐승은 거두지 마라'라는 말이 있다. 형편이 어려운 친척을 데려다 대학 졸업 때까지 입히고 먹이고 재웠는데 나중에 한번 찾아오기는커녕 험담까지 한다는 것이다. 겉으로 보자면 은혜를 입은 사람이 마땅히 고마워하고 보답해야겠지만 시혜를 받은 사람의 마음은 고마움과 함께 사소한 서운함도 있었을 것이다. 어려운 시절을 남의 도움으로 견뎌야만 했던 것이 자존심에 큰 상처를 남겼기에 다시는 돌아보지 않으려 하는 것이 더 큰 이유인지도 모른다.

우리는 지금 기부에만 신경쓰고 있다. 즉 기부를 받는 사람들에 대해서는 크게 신경쓰지 않는다. 우리가 누군가에게 기부를 하면 그 사람에게 당연히 도움이 될 것이고, 도움이 된다면 고마워할 것이라고 막연하게 생각한다. 하지만 이런 막연함을 세심한 배려로 바꾸지 않으면 기부는 양극화의 갈등을 더 악화시킬 수 있다. 기부를 받는 사람이 더 자존심이 상하고, 상한 자존심이 적대감으로 변할 수 있기 때문이다.

이런 염려는 마르셀 모스도 하고 있다. "자선은 그것을 받는 사람에게는 더욱 마음의 상처를 입히는 것이기 때문에, 우리는 모든 도덕적인 노력은 부유한 '보시가'(布施家, aumônier)의 무의식적이며 모욕적인 후원을 없애는 방향으로 나아가고 있다"[12]고 말한다.

『꾸란』에도 같은 취지의 언급이 있다. "오, 믿는 사람들아, 모처럼 희사를 하면서도 보라는 듯이 재산을 소비한다든가 알라 및 최후의 심판날을 믿지 않는 자와 같이 괴로움을 끼친다든가 은혜를 베푼 것처럼 하여 자기의 희사를 헛되이 하여서는 안 된다. 이러한 무리를 비유한다면 흙을 씌운 바위와 같이 폭우가 쏟아지면 모두 벌거벗긴다. 애써 여태까지 벌었는데도 이 중에서 아무것도 쓸모있게 하지 못한다. 알라께서는 믿음이 없는 자를 인도하시진 않는다."[13]

/

체념에서

시작하라

/

시장주의를 벗어날 길은 지금으로서는 까마득해 보인다. 노동이 상품화되지 않고 돈이라는 추상에 사로잡히지 않으며, 축적에 의한 양극화를 막을 방법이 별로 보이지 않기 때문이다. 우리가 다시 포틀래치로 돌아갈 방법이 있겠는가? 아마도 없을 것이다.

2세기 이상 맹렬하게 진행된 자본주의를 다시 고쳐 쓰자는 주장이 대두되고 있기는 하지만 상품화와 추상화를 떨쳐버리지 못하는 한 다시 한번 부자를 위한 기부와 비슷한 형태가 될 것이다. '따뜻한 자본주의'란 말 자체가 모순이기 때문이다. 상품화와 추상화가 온기를 가져다줄 수는 없기에 이를 기부나 나눔 또는 분배로 보완하려는 것인데 근본을 수술하지 않는 한 별 효과가 없을 것이다. 그렇다면 끝내 방법은 없을까? 폴라니는 체념에서 시작하라고 말한다.

우리 시대에서 이제 인간은 사회 실재의 현실 앞에서 스스로 체념하게 되었으며, 이는 인간이 예전에 믿었던 모습의 자유가 종말을 고했음을 의미한다. 하지만 이렇게 가장 밑바닥의 체념을 받아들이게 되면 다시 새로운 생명이 솟구치게 된다. 사회 실재의 현실을 불평 없이 묵묵하게 받아들인 이상, 인간은 이제 자신의 힘으로 제거할 수 있는 종류의 불의와 비(非)자유라면 모조리 제거해내고 말겠다는 그 아무도 꺾을 수 없는 용기와 힘을 얻게 된다. 이제 인간은 자신의 모든 동료들이 누릴 수 있도록 풍족한 자유를 창조해야 한다는 새로운 과제를 안게 되었다. 인간이 그러한 스스로의 과제에 충실하기만 한다면, 권력이나 계획과 같은 것들을 도구로 삼아 자유를 건설하려 한다고 해도 그것들이 인간의 원수로 변하여 자유를 파괴할 것이라고 두려워할 이유가 없다. 이것이 복합 사회에서의 자유의 의미이다. 이것만 이해한다면 우리는 우리에게 필요한 모든 확신을 얻을 수 있다.[14]

제2부 행복 신화를 만든 것들

폴라니는 사회 실재의 현실을 묵묵히 받아들이면서 모든 불의와 비자유를 제거하고야 말겠다는 용기와 힘은 체념에서 나온다고 말한다. "인간이 죽음을 받아들였기에 의미를 배운 것과 마찬가지"라는 것이다. 그의 지적대로 현실을 인정하는 체념에서 시작해야 한다. 인간이 역사를 통해 보여준 용기와 힘을 다시 한번 믿을 필요가 있다.

인간의 존엄성은

인류의 행복 총량과는 무관하게 존재한다.

우리의 쾌락이나 즐거움은

흑과 백의 이분법으로 구분되지 않는다.

인간이 고통을 피하고 쾌락을 추구하는

존재라고 상정한 공리주의자들의 만용이

부럽기까지 하다.

원래 나눌 수 없는 것을 질과 양으로 나눈

결과 무의미하고 해로운 논쟁을 불러일으켰다.

08

인간은 단순하지 않다

/

인간의

존엄성은?

/

'최대 다수의 최대 행복'을 위해서라면 기꺼이 자신의 목숨을 내놓거나 혹은 다른 사람의 생명을 빼앗아도 되는 것일까? 대다수 사람들에게 쉽지 않은 질문이다. 질문을 바꿔보자. 나치가 자국민의 행복을 지키기 위해 유대인을 짓밟는 것은 정당한가, 미국이 9·11테러에 대한 대응으로 이라크를 침공하는 것은 또 어떤가? 유대인의 죽음과 폐허가 된 이라크가 '최대 다수의 최대 행복'을 위해 꼭 필요한 것이었다고 하자. 그렇다면 최대 다수가 느낀 행복은 도대체 무엇으로 측정할 수 있는가.

대다수 독일과 미국 국민들의 결정이 반대편 소수자에게는 비극이 되고 마는 현실, 그것은 공리주의가 태생적으로 안고 있는 문제다. 벤섬이 '최대 다수의 최대 행복'을 외치는 순간 최대 다수가 아닌 사람, 즉 소수자들의 행복은 무가치한 것이 되고 말았다. '행복'을 제대로 정의내리지 못한 것이다. 게다가 공리주의가 행복을 저울에 올려놓는 순간 행복은 그저 쾌락이라는 고깃덩어리가 되고 말았다. 정신적 쾌락이든 육체적 쾌락이든 한가지 기준으로 측정될 수 없음에도 측정 가능하다고 주장함으로써 세상에는 계량된 행복만이 남게 되었다.

그런데 이것이 공리주의가 안고 있는 문제의 전부가 아니라는 데 그 심각성이 있다. 우리가 놓치고 있는 가장 큰 문제는 공리주의가 행복 추구를 유일한 도덕적 기초로 삼는다는 점이다. 공리주의는 인간의 존엄성, 삶의 의미 등은 고려의 대상에 넣지 않는다. 행복을 전면에 내세우고 그것이 도덕의 기초라고 선언하는 순간, 더 귀중하고 큰 가치는 시야에서 사라지게 된다. 인간이 정신적이든 육체적이든 쾌락을 추구하고 고통을 피하려는 것을 도덕의 기초로 삼고 산다는 것이 용납되는가? 쾌락과 고통으로 인생이 환원된다는 의미인가?

인간의 존엄성을 예로 들어보자. 인간은 누구나 인간으로서의 존엄성을 지키기 위해 애쓴다. 죽음조차도 인간의 존엄성을 위협하지 못한다. 쾌락이든 고통이든 모든 것이 사라진 상태,

행복을 저울에 올려놓는 순간

행복은 그저 쾌락이라는 고깃덩어리가 되고 말았다.

즉 죽음조차 인간의 존엄성을 짓밟을 수 없는 경우에 대해 공리주의는 어떤 설명을 할 수 있을까? 밀은 공리주의도 인간이 다른 사람들을 위해 자신에게 가장 소중한 것마저 희생할 수 있음을 인정한다고 말한다. 하지만 단서를 붙인다.

> 다만 그런 희생이 그 자체로 가치가 있는 것이라고는 생각하지 않는다. 행복의 총량을 증대하지 않거나 증대할 경향이 없는 희생은 한마디로 낭비에 지나지 않는다고 보기 때문이다. 공리주의는 다른 사람들, 즉 집단적 의미로서의 인류 또는 인류의 집단적 이해관계에 의해 설정되는 한계 속의 개인의 행복 또는 그 행복에 이르게 해주는 수단을 위해 헌신하는 자기 부정만을 찬양하는 것이다.[1]

이런 주장은 인간의 존엄성을 지키기 위해 아무도 모르는 곳에서 고문을 당하면서도 이에 굴하지 않고 죽음을 택한 사람들에 대한 모독이다. 그들의 죽음은 아무에게도 알려지지 않았기 때문에 행복 총량의 증대와는 관련이 없을 수 있다. 밀의 말대로라면 "한마디로 낭비에 지나지 않는" 일이 되고 말지 모른다. 오늘날 대다수 사람들은 이런 주장과 태도를 받아들일 수는 없을 것이다. 인간의 존엄성은 인류의 행복 총량과는 무관하게 존재하며 '그 자체로 가치가 있는 것'으로서 지켜져야 한다. 행복의 총량에 관여할 때에만 낭비에서 벗어나는 종속적인 가치가 아니다.

공리주의는 쾌락 이외의 다른 가치를 인정하지 않는다. 인정한다고 해도 그것은 쾌락과 연관이 있을 때에 한한다. 다시 말해서, 쾌락이 유일한 도덕의 기초이고 유일한 목적이다. "즉 고통으로부터의 자유와 쾌락이야말로 목적으로서 바람직한 유일한 것이며, 바람직한 모든 것(다른 모든 이론과 마찬가지로, 공리주의에서도 바람직한 것은 무수히 많다)은 그 자체에 들어 있는 쾌락 때문에 또는 고통을 막아주고 쾌락을 늘려주는 수단이 되기 때문에 바람직하다는 것이 공리주의의 핵심명제가 된다"[2]고 밀은 말한다.

그런데 앞서 말한 인간의 존엄성 안에는 쾌락이 들어 있는가? 개인은 인간으로서의 존엄성을 지켜야겠다고 결심할 때 쾌락을 느끼는가? 오히려 비장함을 느낄 것 같다. 비장함 안에 쾌락이 들어 있는가? 아니면 존엄성이 고통을 막아주고 쾌락을 늘려주는 수단이 되는가? 고문 앞에서는 아닐 것이다. 모든 상황을 쾌락과 관련지어 생각하고 관련이 없다면 낭비라고 단언하는 점이 바로 공리주의의 근본문제다.

행복을 유일한 목적이자 기준으로 내세운 공리주의는 개인의 행복과 동시에 사회 전체의 행복 총량을 셈한다. 벤섬이 만들어낸 이 낯선 용어는 당대에도 이미 큰 골칫거리였다. 또다른 공리주의자 밀은 자신의 책 머리말에서 "나는 이 책에서 더 이상 다른 이론에 대해 논의하지 않고, 다만 공리주의 또는 행복 이론을 소개하고 평가하며, 그것을 입증하는 일에만 치중하려 한다"[3]라고 선언한다.

밀의 입장에서 행복이라는 낯선 용어에 대한 이론을 전개하기란 꽤나 힘들었을 것이다. 밀이 공리주의를 행복 이론이라고 정의하고, 이 행복 이론이 무엇인지 그리고 왜 옳은지를 보여주겠다고 결의를 한 것은 그 때문이다. 그렇다면 공리주의 윤리의 정수는 무엇인가? 누구나 짐작할 수 있듯이 다음이 될 것이다.

효용과 최대 행복 원리를 도덕의 기초로 삼고 있는 이 이론은, 어떤 행동이든 행복을 증진시킬수록 옳은 것이 되고, 행복과 반대되는 것을 낳을수록 옳지 못한 것이 된다는 주장을 편다. 여기서 '행복'이란 쾌락, 그리고 고통이 없는 것을

뜻한다. 따라서 쾌락의 결핍과 고통은 '행복에 반대되는 것'을 의미한다.[4]

아무런 문제가 없어 보인다. 그런데 밀은 공리주의 윤리의 정수에 대해 다음과 같이 덧붙인다.

우리는 나사렛 예수의 황금률에서 바로 그러한 공리주의 윤리의 정수를 발견할 수 있다. 다시 말해 "다른 사람들이 해주었으면 하는 바를 너 스스로 하라", 그리고 "네 이웃을 네 몸처럼 사랑하라"고 하는 가르침이야말로 공리주의 도덕의 완벽한 이상을 담고 있다.[5]

밀은 나사렛 예수의 황금률을 따른다면 최대 행복의 원리가 지켜진다고 말하고 있다. 그럴 수도 있을 것이다. 모두가 이웃을 자신처럼 사랑하고 자신이 바라는 바를 남에게 해준다면 행복의 총량이 증가하지 않겠는가. 하지만 이런 말은 공리주의에만 해당되는 게 아니다. 공리주의 윤리의 정수일 뿐만 아니라 예수의 황금률도 되고 힌두교 전통의 중심인물인 브야사의 말도 된다. "브야사(Vyasa)는 이렇게 말하고 있다. '다음이 법(法)이 빈틈없이 가르친 것이다 (…) 자기 자신에게 하고 싶지 않은 것을 다른 사람에게 해서는 안 된다. 이것이야말로 다르마(법)의 요체이다."[6] 그렇다면 결국 공리주의, 예수의 가르침, 힌두교의 가르침의 요체는 동일하다는 것인가? 그럴지도 모르지만 그렇지 않다.

예수의 가르침은 단순한 행복 이론이 아니라 신 앞으로 나아가는 과정을 일러주는 것이다. 힌두교도 마찬가지다. 이 가르침 자체가 종착점이 아니다. 그것을 실천함으로써 더 높은 세계, 더 고귀한 곳으로 나아갈 수 있다는 가르침이다. 공리주의에는 그런 낭비나 사치가 존재하지 않는다. 공리주의는 행복이 목적이자 종착점이다. 공리주의는 밀 자신이 밝힌 대로 행복 이론인 것이다. 이것이 공리주의의 한계이고 공리주의가 우리를 불행에 빠뜨리는 주요한 원인 중 하나다. 인간은 행복을 넘어서 훨씬 더 고귀한 존재가 될 수 있고 되어야 한다. 공리주의는 우리를 넘어뜨리고 있다.

/

회색지대의

행복

/

쾌락의 질을 고려하지 않았다는 비판을 받은 벤섬과 달리, 밀은 쾌락의 질을 고려 대상에 넣었다. 그런데 쾌락의 양과 질을 어떻게 비교하여 측정할 수 있느냐가 문제로 등장하였다. 맛있는 햄버거 두개와 맛없는 햄버거 다섯개 중 어느 쪽이 더

제2부 행복 신화를 만든 것들

쾌락을 주는가? 이런 문제에 맞닥뜨린 것이다. 밀은 다음과 같은 해법을 제시한다.

> 쾌락의 질적 차이가 무슨 뜻이냐, 또는 양이 더 많다는 것을 제외하고 어떤 쾌락을 다른 쾌락보다 더 가치 있게 만드는 것이 무엇이냐고 질문한다면, 이에 대해 할 수 있는 대답은 하나뿐이다. 만일 두가지 쾌락이 있는데, 이 둘을 모두 경험해본 사람 전부 또는 거의 전부가 도덕적 의무 같은 것과 관계없이 그중 하나를 더 뚜렷하게 선호한다면, 그것이야말로 더욱 바람직한 쾌락이라고 할 수 있을 것이다. 그 둘에 대해 확실하게 잘 아는 사람들이 쾌락의 양이 적고 엄청난 불만족이 따를 수 있다는 것을 잘 알면서도, 그리고 쾌락의 양이 적더라도 어떤 하나를 분명하게 더 원한다면, 우리는 그렇게 더욱 선호되는 즐거움이 양의 많고 적음을 사소하게 만들 정도로 질적으로 훨씬 우월하다고 규정해도 될 것이다.[7]

한마디로 말하면, 해보면 안다는 것이다. 해본 사람들이 어느 하나가 더 낫다고 하면 그것이 더 나은 것이 된다는 의미이다. 이런 방법이라면 바로 난점이 떠오른다. 즉 거의 모든 사람이 거의 모든 경험을 할 수 없다는 것이다. 앞서 예로 들었던 햄버거를 다시 보자. 맛없는 햄버거 다섯개와 맛있는 햄버거 두개 중 어느 쪽을 더 원하는가를 알아내려면 양쪽을 모두 먹어

본 사람 전부나 거의 전부에게 물어봐야 한다. 과연 이런 것이 가능할까? 즉 맛없는 햄버거와 맛있는 햄버거를 나누는 기준은 무엇인가? 맛있다, 맛없다는 개인마다 다를 수밖에 없으니 이 작업부터 해야 한다. 즉 전부나 거의 전부에게 햄버거 맛의 만족도를 물어봐야 한다. 이런 일이 가능하겠는가? 시간부족 때문만이 아니라 원리상 불가능하다.

밀도 이런 난점에 대해 잘 알고 있었다. 하지만 그는 "효용 이론의 옹호자들은 때로 어떤 행동을 하기 전에 그것이 일반 행복에 어떤 영향을 주는지 그 파급효과를 계산하고 측정할 시간이 없다는 주장에 대해서도 반박할 수 있어야 한다. 이것은 마치 행동을 해야 하는 매 순간마다 『신약성경』과 『구약성경』을 모두 읽어볼 시간이 없기 때문에 기독교의 가르침에 따라 살아갈 수 없다고 강변하는 것이나 다름없다"[8]라고 말한다.

그럼 해법은 무엇인가? 단순하다. 그는 "이렇게 해서 전해내려온 판단이 보통 사람들에게는 도덕률이 되는 것이다. 그것보다 더 나은 것을 찾기 전까지는 철학자들에게도 마찬가지다"[9]라고 답한다. 사람들은 다 해보지 않아도 전해내려온 것을 바탕으로 충분히 판단할 수 있다는 것이다. 도덕률이 실제로 작동한다고 하자. 그렇다고 해도 문제가 해결되지 않는다. 왜냐하면 인간의 쾌락이나 즐거움은 질적/양적 혹은 정신적/육체적으로 쉽게 양분되지 않기 때문이다.

생일파티에서 친구들에게 받는 선물이나 생일케이크가 주

는 즐거움은 정신적인가 아니면 육체적인가? 어느 쪽도 아닐 것이다. 둘이 화학적으로 혼합되어 있기에 분간해낼 수 없을 것이다. 우리의 쾌락이나 즐거움은 사실은 이와 같은 회색지대에 있다. 설렁탕 한 그릇을 비웠을 때 느끼는 포만감이 육체적인 것이라고만 할 수는 없다. 배가 고파서 마침 눈에 띈 설렁탕을 먹고 포만감을 느끼는 수도 있지만, 오랜만에 만난 친구 혹은 고향의 부모님과 함께 먹는 데서 정서적인 만족감을 느끼는 경우도 있기 때문이다. 그 상황은 아주 복잡미묘하여 양단할 수 있는 것이 아니다. 인간이 그토록 단순한 존재라고 상정한 공리주의자들의 만용이 부럽기까지 하다. 원래 나눌 수 없는 것을 질과 양으로 나눈 결과 무의미하고 해로운 논쟁을 불러일으켰다.

제 **3** 부

행복을
다시 생각한다

우리가 원하는 것은 평등이다.

평등으로 인해 자유가 확보되고

외로움과 소외가 없기를 바란다.

평등은 천부적인 것이 아니다.

평등은 인위적 노력에 의해 제도적으로 획득되며

내재적인 것이 아니라 사회적인 것이라는 사실에

다시 한번 주목해야 한다.

09

평등 없이 행복 없다

/

외로운 아빠를

위한 변명

/

최고권력자는 외롭다는 말을 흔히 듣는다. 이런 말을 들어도 우리 같은 일반인이 실감하기는 어렵다. 최고권력자의 자리에 오른 사람은 극소수이기에 짐작조차 하기 어려운 까닭이다. 이와 유사한 이야기는 많다. 회사 경영에서도 오너는 자신이 최종적으로 결정을 내려야 하므로 힘들고 외롭다는 말을 한다. 이런 이야기 역시 와닿지는 않는다. 아무나 오너가 되는 건 아니기 때문이다. 그것도 대기업이라면 말할 것도 없지 않은가. 하지만 이런 이야기는 흔하게 들을 수 있다. '가장은 힘들고 외롭다.' 생계를 책임지고 있는 가장은 가족을 위해 열심히 일하지만 나이가 들면 가족으로부터 소외된다. 아내도 자식도 낯설게 느껴진다고 하는 말이 심심찮게 들려온다. 왜 이런 일이 벌어질까? 대통령도 아니고 대기업 오너도 아닌 평범한 가장이 왜 외로움을 느끼고 소외되면서 결국 행복을 느끼지 못하는가?

원인은 동일하다. 대통령도 대기업 오너도 가장도 모두 평등한 관계를 맺는 사람이 주위에 없기 때문이다. 대통령이나 대기업 오너의 경우는 쉽게 이해할 수 있다. 절대 권력이라 표현할 수 있을 정도로 막강한 권력을 쥐고 있으므로 주위 사람은 모두 리더의 눈치를 살피지 않을 수 없다. 그리고 대통령이나 오너라는 형식에 맞는 예의가 강요되므로 가까운 친구라 할지라도 구조적으로 평등하지 않게 된다. 대통령이 되면 권력 탓에 친구도 버리게 된다는 말은 흔하지 않은가. 대기업 오너에게도 마음껏 직언할 수 있는 친구는 아마도 거의 없을 것이다. 무엇인가 이해관계가 개입되어 있고 혜택을 보려는 마음이 있기에 그리고 오너는 자신이 만만하게 보이고 싶지 않다는 방어 기제가 과잉작동하고 있기에 평등은 좀처럼 성립하지 않는다.

하지만 평범한 가장은 이런 권력을 가지고 있지도 않은데 왜 외로워지는가? 그것 역시 권력 때문이다. 자신은 의식하지 못하겠지만 가족의 생계를 책임져야 한다는 의무감이 권력으로 작동했을 가능성이 매우 높다. 말 그대로 가장이 되어 가족을 이끌어왔던 것이다.

일반적인 가정의 모습을 떠올리면 쉽게 이해가 갈 것이다. 회사 일의 스트레스를 집까지 가져온 가장은 신경질적이고 무뚝뚝한 모습으로 가족을 대하기 십상이다. 또 평일 내내 잔업과 야근에 시달린 가장이 주말에 소파 위에서 모든 것을 해결하는 모습을 상상하기란 그리 어렵지 않다. 회사에서는 그렇게 부지런하다고 하는데, 집에만 들어오면 세상에서 제일 게으른 사람이 되고 마는 가장 앞에서 가족들은 어떤 이야기를 할 수 있을까? 대부분 불편한 마음이 들더라도 가족이라는 이름으로 이해하고 넘어가게 마련이다. 회사에서는 권력의 최하층에 있던 사람이라도 집에 돌아오면 권력의 최상층을 차지하는 게 현실이다.

이런 관계에서 가족 구성원 간의 평등이 이루어질 가능성은 낮아 보인다. 가족 구성원이 역할만 다를 뿐 모두 평등하다는 것을 인식하고 실천에 옮기지 않았다면, 가장이라는 지위는 권력으로 작동했을 것이다. 권력은 평등을 파괴하여 외로움과 소외라는 결과를 낳는다. 즉 불행해지는 것이다.

여기에서 평등의 의미를 다시 짚어보자. 5장에서 민주주의는 평등을 특징으로 하며 평등이 손쉬운 성공과 즉흥적 쾌락, 일반적인 개념 선호, 그리고 행복에 대한 집착을 낳는다는 것을 보았다. 그렇다면 이 장에서 말하는 가속 구성원 간의 평등은 민주주의에서 말하는 정치적 평등은 아닌 것인가? 그렇다.

1인 1표의 정치적 평등을 말하는 것은 아니다. 이 장에서는 보다 근본적인 문제, 즉 권력과 밀접한 관련이 있는 평등을 다루고 있다. 권력을 행사하면 권력에 지배당하는 사람도 자유롭지 못하지만 권력을 행사하는 본인도 평등한 관계를 잃게 되기 때문에 역시 자유롭지 못하게 된다. 즉 자유란 평등에서만 나올 수 있다. 이것을 그리스인들은 다음과 같이 파악했다.

> 그리스인들은 동료들과 함께가 아니라면 어느 누구도 자유로울 수 없다고 주장했다. 따라서 이들은 참주나 전제군주 또는 가장(家長)—그가 비록 완전히 해방되어 다른 사람의 강요를 받지 않는다 하더라도—이 자유롭지 못하다고 주장했다. 헤로도토스가 자유와 비지배를 동일시했던 요지는 지배자 자신이 자유롭지 않다는 것이었다. 그는 다른 사람을 지배함으로써 그 안에서 자유로울 수 있는 동료 집단을 상실했다. 달리 말하면, 그가 정치적 공간 자체를 파괴했기 때문에, 결과적으로 그가 지배하는 사람들뿐만 아니라 그 자신에게도 자유는 더이상 잔존할 수 없었다.[1]

사람들은 마음의 자유를 말한다. 마음의 자유를 얻기 위해서 무소유를 주장하기도 하고 명예, 돈을 비롯한 세상의 굴레에서 벗어나라고 권한다. 그리고 무엇보다도 마음 다스리기를 하고 새로운 눈으로 세상을 보라고 권한다. 세상이 달리 보이고 자신도 굴레에서 벗어나 자유를 얻을 수 있다는 것이다. 물론 그런 면이 있다. 하지만 마음의 자유를 얻기 위해서는 먼저 평등을 확보해야만 한다. 자신이 남을 지배하는 순간 자유를 상실하게 됨을 알고 평등해져야 한다. 평등이 없다면 자유가 없을 것이고, 자유가 없다면 당연히 마음의 자유도 없을 것이다. 그리고 마음의 자유가 없다면 행복하지도 않을 것이다. 사람들이 동료들과 함께하지 않으면 누구도 자유로울 수 없다는 것은 사실이다.

/

지배하지 않는 만남,

이소노미

/

민주주의는 천부인권설을 주장한다. 핵심은 '사람은 나면서부터 평등하다'는 것이다. 하지만 누구나 알고 있듯이 사람은 불평등하게 태어난다. 부모, 국가, 성격, 외모, 능력 등 모든 면에서 사람들은 다를 뿐 아니라 평등하지도 않다. 가난한 집에서 태어난 아이가 겪는 일이 아무리 앞으로의 인생에 도움이 된다고 해도 당사자에게는 버거운 짐이다. 가난한 집에서 태어난 아이와 부잣집에서 태어난 아이가 평등하다고 말한다면 그것은 인간으로서의 존엄성과 인권 그리고 법 앞에서의 평등을 말하는 것이리라. 민주주의의 이런 주장은 물론 좋은 점이 아주 많으며 민주주의의 장점을 부정하기는 쉽지 않다.

그런데 민주주의의 시초로 불리는 고대 그리스에서는 우리들의 생각과 다른 민주주의가 이뤄지고 있었다. '이소노미'(isonomy)가 그것이다. 앞서 또끄빌은 미국의 민주주의가 평등을 강조하여 자유가 위험에 처할 수도 있다는 우려를 표한 바 있다. 고대 그리스에서 존재한 이소노미는 자유를 다른 관점에서 바라보고 있다. "정치현상으로서 자유는 그리스 도시국가들이 형성되던 당시에 나타났다. 헤로도토스 이래 자유는, 지배받지 않는 조건 아래서 시민들이 함께 생활하는 정치조직, 지배자와 피지배자를 구분하지 않는 정치조직의 한 형태로 이해되었다. '비지배'라는 개념은 '이소노미'라는 용어로 표현되었다"[2]고 한다. 이에 따르면 민주정(民主政)이라는 것도 지배의 개념을 포함하고 있으므로 배제되어야 한다. 민주정이란 결국 다수의 지배를 뜻하기 때문이다. 다수의 지배는 곧 민중의 지배이고 이것은 최악의 정부 형태라는 것이다.

앞서 우리는 지배가 있다면 평등이 파괴된다는 사실을 확인했다. 오늘날 우리는 흔히 자유와 평등을 대립적으로 사용하고 있다. 평등이 보장되려면 자유의 억제가 불가피하며 자유를 보장하려면 평등의 희생이 불가피하고 말한다. 예전에 사회주의는 평등을, 자유민주주의는 자유를 슬로건으로 내걸었다. 하지만 이소노미에 따르면 이는 잘못된 구분이다. 평등을 위협하는 것은 곧바로 자유를 위협한다. 한나 아렌트(Hannah Arendt)는 다음과 같이 말한다. "따라서 또끄빌의 통찰을 따르고 있는 우리가 종종 자유에 위험한 요소로 이해하는 평등이 원래는 자유와 동일시되었던 것이다."[3] 그럼 민주주의와 이소노미의 차이를 살펴보자. 그 차이는 근본적이다.

이소노미가 평등을 보장한 것은 모든 인간이 평등하게 태어나거나 창조되었기 때문이 아니라 도리어 본질적으로 평등하지 않으므로 법을 통해 자신들을 평등하게 만들어주는 인위적인 제도, 즉 폴리스를 필요로 했기 때문이었다. 평등은 이와 같이 특별한 정치 영역에서만 존재했다. 사람들은 이 영역에서 사적인 인간이 아니라 시민으로서 서로를 만났다. 이 고대적 평등 개념과 우리의 평등 개념—인간은 동등하게 태어나거나 창조되었으나 인위적인 정치제도 또는 사회제도 때문에 불평등해졌다는 개념—사이의 차이는 아무리 강조해도 지나치지 않다. 그리스 폴리스의 평등, 폴리스의 이소노미는 폴리스의 속성이었지 사람들의 속성은 아니었다. 당시 사람들은 출생이 아니라 시민권을 통해 평등을 획득했다. 평등이나 자유는 인간의 본질에 내재된 특성으로 이해되지 않았다. 이것들은 자연이 주고 자체적으로 증대하는 본성이 아니었다. 반대로 관습적이고 인위적인 것, 즉 인간적 노력의 산물이며 인위적 세계의 특성이었다.[4]

민주주의와 이소노미의 평등은 근본적으로 다르다. 민주주의의 평등은 인간의 본질에 내재된 것인 반면 이소노미의 평등은 폴리스의 것으로 인위적으로 부여된 것이다. 하지만 이런 근본적인 차이에도 불구하고 어쨌든 평등이 구현되면 그만 아닌가. 그것이 인간의 본질로서 보장되든, 제도의 산물로 보장되든 평등이 실현되면 그 차이는 별 의미가 없지 않은가. 물론 그렇다. 우리가 원하는 것은 평등이다. 평등으로 인해 자유가 확보되고 외로움과 소외가 없기를 바라는 것이다.

그런데 민주주의의 평등과 이소노미의 평등 중 어느 쪽이 더 평등의 실현 가능성을 높일까? 나는 이제는 제도적 평등인 이소노미에 더 신경을 써야 할 때라고 여긴다. 천부인권으로서의 평등이란 개념은 이미 널리 퍼져 있다. 하지만 실현은 만족스럽지 않다. 왜냐하면 태어날 때는 평등했으나 이후에 불평등이 생겨난 데는 개인의 탓이 크다는 사고가 득세했기 때문이다. 모두에게 동일한 기회를 주면 된다. 그것이 기회의 평등이다. 결과의 평등은 보장되지 않는다. 따라서 사회에서 뒤처진 사람들은 자신의 처지를 감수해야 한다는 주장이 세를 얻었다. 물론 일리가 있지만 반드시 그렇지만도 않다. 외국인 귀화의 사례를 생각해보자.

외국인이 심사를 거쳐 한국 국적을 획득했다고 하자. 제도적 평등을 보장하는 이소노미의 경우라면 이 귀화인은 피부색, 전

(前) 국적, 종교에 관계없이 권리와 의무 그리고 정서면에서 다른 한국인과 동일한 대접을 받아야 한다. 그런데 현실은 이와 다르다. 다문화 가족도 알게 모르게 차별받고 있다. 이것은 인간이 모두 날 때부터 평등하다는 것을 잊고 있어서 빚어지는 일이 아니다. 우리는 누구나 그것을 알고 있다. 하지만 우리는 인위적인 제도를 통해 한국인이 되었다는 것을 머릿속에 그리고 가슴속에 받아들이지 않고 있다. 만약 이소노미에 의한 평등만 존재한다면 상황은 다를 것이다. 인종이나 출생지에 관계없이 한국인이라는 사실이 법적으로 인정된다면 평등이 더 보장받을 것이다.

이소노미를 통해 말하고자 하는 바는 평등을 천부적인 것으로 여겨 방치하면 안 된다는 것이다. 인간은 누구나 평등하다는 말은 이제 말에 그치고 있다. 인위적 노력에 의해 제도적으로 평등이 획득되며 평등이 인간의 내재적 특성이라기보다는 사회적 속성이라는 것에 다시 한번 주목해야 한다. 헌법이 보장하고 학교 교육이 민주주의의 평등을 가르치는 것으로는 부족하다. 외롭고 소외되면서 행복하다고 말할 수 있는 사람은 별로 없을 것이다. 그렇다면 사회가 평등해야 한다. 그럼 왜 평등이 사회적 속성인가를 좀더 살펴보자.

인종이나 출생지에 관계없이

한국인이라는 사실이 법적으로 인정된다면

그는 한국인이다.

/

가까운 사람들
사이의 평등

/

오늘날 황혼 이혼은 전혀 놀라운 뉴스가 아니다. 일생 동안 참고 살아온 아내가 자녀를 출가시킨 후 혹은 남편의 정년퇴직 후에 이혼을 요구한다는 것은 이미 잘 알려진 이야기다. 남편 입장에서 억울한 마음이 들 수도 있겠지만, 이곳에서는 아내의 입장을 보자. 아내가 일생을 참았다는 것은 마음 다스리기에 온 힘을 다했다는 뜻이다. 모든 것은 마음먹기에 달렸다는 속설을 실행했다고 할 수 있다. 그렇다면 계속 참을 수 있어야 할 텐데 왜 이혼을 요구했을까. 자신의 마음을 다스려서 될 문제였다면 이혼 요구를 하지 않았을 것이다. 모든 것은 마음먹기에 달렸다는 주장이 과연 옳은지 의심하지 않을 수 없다.

이혼 사유는 폭력이라든가 성격차이가 거론되지만 더 깊은 이유는 아마도 남편이 아내를 존중해주지 않았기 때문일 것이다. 남편에게는 사소하게 생각되는 것들로 인해 아내는 자존심에 심한 상처를 입었고 그 상처는 치유되지 않은 채 계속되는 무시로 점차 악화되어 더이상 탈출구를 찾지 못하게 된다. 이것은 평등의 문제다. 두 사람은 평등하다. 따라서 모든 것을 함께 의논하고 함께 결정해야 한다. 그리고 그 결과도 함께 감당해야 한다. 이런 원칙이 작동하지 않은 것이다.

그럼 남편도 평등을 실천한다고 해보자. 그러면 문제가 해결되는가? 그렇지 않다. 가족이 있기 때문이다. 배우자, 가족 그리고 이웃 등 이 모두가 평등을 알고 실천하지 않으면 평등문제를 해결할 수 없다. 해결할 수 없다면 역시 불행에서 벗어나기 힘들다. 평등은 항상 상대를 전제하는 개념이다. 따라서 홀로 해결할 수 없다.

　이 문제를 가까운 사람들에서 사회로 확대하면 문제는 더 심각해진다. 자신을 포함하여 가까운 사람들 모두 평등을 실천하고 있어도 직장에 나가서 평등문제가 해결되지 않으면 이 문제는 해결되지 않는 것이다. 회사의 질서는 민주주의가 아니다. 대부분 상사가 더 많은 권력을 갖고 있으며, 아랫사람에게는 복종이 강요된다. 즉 회사는 지배와 비지배가 질서처럼 존재하는 장이다. 이런 장이라면 앞서 말한 대로 평등은 없고 따라서 자유도 없다. 그리고 물론 행복하지 않을 것이다.

　민주주의 국가에 사는 우리들은 선거 때 잠깐 1인 1표의 평등을 맛보지만 그것도 그날 밤으로 끝이다. 다시 직장에 나가고 거래처에 가면 권력관계가 기다리고 있다. 자신이 갑인 경우도 있고 을인 경우도 있다. 어느 쪽을 택하든 지배와 비지배에 속한다. 이 문제를 해결하려면 평등이 사회적 속성이고 지배와 비지배 관계를 해소하지 않고는 불행에서 벗어나기 매우 힘들다는 사실에 먼저 공감하고 동의해야 한다. 이래도 행복이 개인의 문제라고 말할 수 있을까.

평등이 이념에 그쳐서는 실생활에 도움이 되지 않는다. 평등은 가까운 사람들에게 적용되어야 한다. 우리의 삶은 결국 가까운 사람들에 의해 지배받는다. 미국에 사는 제임스나 제시카를 나는 미워할 수 없다. 나는 그들을 모르기 때문이다. 범세계적인 사랑을 외쳐도 내가 사랑하고 아끼는 사람은 결국 주위 사람들뿐이다. 물론 기부나 성금을 통해 간접적으로 도울 수는 있겠지만 자신에게 애증의 감정을 직접적으로 불러일으키지는 않기 때문에 한발 물러서 있다고 할 수 있다.

우리는 관계의 중요성에 대해 잘 알고 있다. 게다가 잡다한 행복 상인들이 앞다퉈 관계를 좋게 하는 방법을 전파하고 있기에 방법 역시 잘 알고 있다고 생각할 수 있다. 역지사지, 잘 들어주기, 공감하기, 따뜻한 말로 위로하기 등 많은 방법이 제시되었다. 물론 다 효과가 있을 것이다. 입장을 바꿔서 생각하면 남을 이해할 수 있고, 이해하면 공감하게 되어 관계가 개선될 수 있다. 그리고 사람들은 누구나 자신의 이야기를 잘 들어주는 사람에게 호감을 갖게 되어 있다. 그것 자체로 스트레스가 해소되고 자신이 소중한 존재가 되었다는 느낌이 들기 때문이다.

하지만 이런 방법들이 얼마나 오래 효과가 있을까? 행복 상인들은 관계를 좋게 하는 방법을 습관처럼 몸에 익히라고 하지만, 습관은 쉽게 자리를 잡는 것이 아니어서 어려운 시기가 닥쳐오면 다시 원래의 모습으로 돌아가는 것이 보통이다. 그래서 사람들은 또다시 잡다한 행복 상인을 찾게 되는 것이다. 고부

간의 갈등도 소통의 방법을 바꾸면 일시적으로 완화되는 듯하지만 어느정도 시간이 흐르거나 사건이 터지면 도로아미타불이다. 부모와 자식 간의 관계도 마찬가지다. 서로를 사랑한다고 말하고, 감사한 것들을 써서 서로 보여주고, 서로의 입장을 이해하려 애써도 역시 마음대로 되는 경우는 드물다.

이런 문제를 근본적으로 해결하기 위해서는 평등을 관계의 기본으로 삼아야 한다. 고부, 부모와 자식, 친구 사이가 기본적으로 평등하다는 것을 서로가 인식해야 한다. 시어머니와 며느리는 역할이 다를 뿐 평등한 사이다. 따라서 일방적으로 권력을 행사해서는 안 된다. 부모와 자식도 마찬가지다. 부모는 자식을 키우고 돌봐야 하는 역할을 맡았을 뿐 자식 위에 군림하는 존재가 아니다. 부모와 자식은 평등하다. 따라서 서로를 인정해야 하고 역할을 수행해야 하고 약속을 지켜야 한다. 교사와 학생도 역시 평등하다. 가르치고 배우는 역할이 다를 뿐 어느 쪽도 자신의 권리가 앞선다고 주장할 수 없다. 지하철에서 할아버지가 젊은 사람이 반말한다고 꾸짖는다. 하지만 반말로 꾸짖어서는 안 된다. 서로가 평등한데 나이가 많다는 이유만으로 반말을 할 권리가 생기는 것은 아니다.

친구 사이에도 끼리끼리 어울린다는 말이 있다. 출세하고 돈이 많은 친구들 모임에 그렇지 않은 친구가 나가기 어렵다는 말을 종종 듣는다. 왜 나가기가 꺼려질까? 친구 사이에 더이상 평등이 존재하지 않기 때문이다. 대다수 사람들은 어느정도 수준이 비슷한 사람들끼리 평등하다고 생각하는 듯하다. 하지만 친구가 되었다면 그것만으로도 평등해야 한다. 돈이나 출세 여부와 관계없이 평등이 성립해야 한다. 친구는 원래 평등한 사이이기 때문이다. 이런 바탕이 없이 관계를 개선하는 방법만을 익힌다면 그것의 약효는 한시적일 수밖에 없다. 사람들은 평등하고, 가까운 사람들 역시 평등하다. 이것 없이 좋은 삶은 없을 것이다.

상위 1퍼센트란 말은 익숙한 용어다.

사람들은 자신이 상위 1퍼센트에 속하거나,

속할 수 있거나, 속하고 싶다고 생각한다.

그리고 이 말이 공동체 사회에

어울리지 않는다고 생각하지 않는다.

원탁에 둘러앉으면 사람들은 '행복'해질 수 있다.

그럼에도 우리는 왜 그렇게 하지 못하는 것일까?

10

공동의 부가 토대인 사회

/

개인적인 이익은

낯선 개념이다

/

옛날 사람들은 돈을 벌기 위해서, 자신의 이익을 위해서 일한다는 생각이 희박했다. 일은 인간의 활동 중 하나였지 노동력이라는 이름을 달고 시장에서 거래되는 상품이 아니었다. 오늘날 개인의 이익이라는 말은 너무나 명백하기 때문에 이런 개념이 없이 유지되었던 체제를 상상하기조차 어려울 정도이지만, 개인의 이익이라는 개념은 최근에 생겨난 것이라고 마르셀 모스는 말한다.

이익이라는 말 자체는 최근에 생겨난 것으로서, 그것은 부기용어, 즉 장부에서 징수해야 할 지대 맞은편에 기재한 라틴어의 'interest'에서 유래한다. 가장 향락주의적인 고대 도덕에서도 추구되는 것은 행복과 쾌락이지 물질적인 효용이 아니다. 이득과 개인이라는 관념들이 널리 유포되고 원리의 수준으로까지 올라가려면 합리주의와 상업주의의 승리가 필요하였다. 개인적인 이익이라는 관념의 승리는 거의 맨드빌(Mandeville)과 그의 저서 『벌의 우화』가 나타난 다음부터 시작되었다고 말할 수 있을 것이다. 개인적인 이익이라는 말을 라틴어나 그리스어 또는 아랍어로 표현하기는 매우 힘들며, 단지 완곡한 표현법에 의해서만 가능하다.[1]

역사적으로 보아 개인이라는 말 자체도 근대에 생겨났기에 개인의 이익은 근대 이후에 성립했다고 보는 게 논리적이다. 모스는 이익이라는 개념도 근대 이후에 등장했다고 말하고 있다. 개인과 이익 모두 근대 이후에 생겨난 것으로 우리에게는 낯선 개념이었다. 그렇기에 개인적인 이익이라는 말을 고대의 라틴어, 그리스어, 아랍어로 표현하기는 매우 힘들다고 하는 것이다.

제2부에서 우리는 개인주의와 시장주의가 만들어낸 불행한 결과를 보았다. 상품화, 추상화, 고립, 가짜 관계 등이었다. 이

러한 문제를 해결하려면 다시 한번 고대의 삶의 형태를 돌아볼 필요가 있다.

개인주의와 시장주의가 지배하는 이 시대를 어떻게 과거로 돌릴 수 있겠는가. 우리가 다시 고대의 삶으로 돌아갈 수는 없다. 하지만 고대의 삶에서 도움을 얻을 수는 있다. 그 핵심이 되는 것이 공동의 부이다. 즉 개인적인 이익이라는 개념을 없앨 수는 없지만 개인적인 이익이 빚어내고 있는 문제들을 해결하기 위해 공동의 부라는 개념을 적극 도입해야 한다.

/

피라미드에서
원탁으로

/

상위 1퍼센트란 말은 익숙한 용어다. 시험성적도 상위 1퍼센트, 재산도 상위 1퍼센트, 미모도 상위 1퍼센트. 어떤 분야에서든 상위 1퍼센트에 속한다는 말이 사람들을 끌어모은다. 그런데 재미있는 사실은 이런 말을 듣는 사람은 자신이 상위 1퍼센트에 속하거나, 속할 수 있거나, 속하고 싶다고 여긴다는 것이다. 사람들은 그토록 공동체를 외치고 있는 이 사회와 이 말이 어울리지 않는다고 생각하지 않는가.

오늘날 어느 누구도 공동체의 삶을 부인하지 않는다. 함께하는 삶, 함께하는 사회, 함께 나누는 희망 등 공동체를 표현하는 말들은 수없이 존재한다. 소외 없는 삶도 그중 하나다. 그런데 이런 구호가 난무함에도 불구하고 왜 공동체는 우리 삶에 스며들지 않는 것일까? 양극화 해소를 위해서도 공동체적 삶이 필요하다고 누구나 외치는데 왜 실현되지 않는 것일까? 그것은 사회구조 탓이다.

우리 사회의 구조는 기본적으로 피라미드이다. 즉 상위 1퍼센트라는 개념이 확고하게 자리하고 있는 사회다. 우리 사회에서 상위 1퍼센트는 곧 승자이며 나머지는 패자처럼 취급된다. 피라미드는 꼭대기가 좁은 삼각형 모양을 하고 있다. 이런 모델이 머릿속에 들어 있는 사회는 아무리 노력을 해도 승자와 패자의 구조가 바뀌지 않는다.

피라미드 구조는 성공 여부가 각 개인에게 달렸다고 전제한다. 이런 구조에서 평등이란 존재할 수 없다. 매일 다니는 회사에 상명하복(上命下服)의 질서만 존재한다면 어떻겠는가. 모두가 불행하지 않으려면 피라미드 구조를 버려야 한다. 즉 평등의 구조로 사회를 재편해야 하고 머릿속을 바꿔야 한다.

평등을 실현하려면 피라미드를 원형으로 바꿔야 한다. 중화요리집 테이블을 생각해보면 된다. 그곳의 테이블은 원탁이고 돌아가게 되어 있다. 요리가 테이블 위에 올라오면 테이블을 돌리면서 먹는다. 누가 먼저 먹는가는 역시 순서가 있다고 할 수 있으나 일단 원탁에 둘러앉으면 기본적으로 모두가 평등하다. 그리고 상석(上席)이라는 개념도 약화된다. 우리 사회에서도 이런 원탁에 둘러앉은 사람들의 경우와 같은 관계를 맺을 수 있어야 한다. 일단 모두가 평등해야 그다음 이야기가 시작되기 때문이다.

마르셀 모스는 브리튼 사람들의 「아서왕 전설」을 전하고 있다. 아서 왕에게 콘월의 어느 목수가 다가와, 더이상 기사들의 "치사한 질투 때문에" 생기는 어리석은 싸움으로 성대한 향연이 피로 물들지 않도록 원탁을 만들겠다고 제안했다는 것이다. 콘월의 목수는 다음과 같은 행복의 방법을 제시한다.

> 이런 식으로 하면 오늘날에도 국민들은 강하고 부유해지며 또 행복하고 선량해질 수 있다. 민중·계급·가족·개인은 부유해질 수는 있지만, 그들이 행복해질 수 있는 것은 그들이 원탁의 기사들처럼 공동의 부(富) 주위에 앉을 수 있을 때뿐이다. 선(善)과 행복이 무엇인가를 멀리서 찾을 필요가 없다. 그것은 부과된 평화 속에, 공공(公共)을 위한 노동과 개인을 위한 노동이 교대로 일어나는 리듬 속에, 또한 축적된 다음 재분배되는 부 속에 그리고 교육이 가르치는 서로간의 존경과 서로 주고받는 후함 속에 있다.[2]

여기에서 '공동의 부'에 주목해보자. 우선 원탁에 둘러앉으면 모두가 평등해진다. 따라서 앞서 말한 평등의 조건을 만족

원탁에 앉는 것이 전부는 아니다.

자신이 가진 것을

원탁의 가운데에 내어놓아야 한다.

시킨다. 그런데 아직 문제가 모두 해결된 것은 아니다. 원탁에 둘러앉은 사람들이 원탁 가운데에 자신의 것을 내어놓아야 공동의 부가 형성되기 때문이다. 그러지 않는다면 공동의 부가 어디서 만들어지겠는가.

나이가 들면 사람의 마음을 아는 방법은 하나뿐이라고 한다. 그것은 돈의 흐름을 살피는 것이다. 말이야 무엇이든 못하겠는가. 하지만 돈을 쓰지 않는다면 마음이 없는 것이다. 공동체를 외치는 것이야 누가 못하겠는가. 그리고 기부나 자선을 누가 나쁘다고 하겠는가. 중요한 것은 자신의 돈을 내느냐, 그러지 않느냐에 달려 있는 것이다. 공동의 부가 있고 사람들이 원탁에 둘러앉으면 사람들은 '행복'해질 수 있다. 그럼에도 우리는 왜 그렇게 하지 못하는 것일까?

/

공동의 부란
무엇인가

/

공동의 부를 가지고 원탁에 둘러앉지 못하는 현대사회의 모습은 곳곳에서 찾아볼 수 있다. 우선 시장주의 사회의 최고 정점에 있는 부자들의 삶을 들여다보자. 공공사업의 민영화로 멕시코에 엄청난 부자가 쏟아진다는 뉴스가 화제가 된 적이 있다. 멕시코의 부자들에게 고민이 생겼다는 소식도 동시에 전해졌다. 조금 의외이긴 하지만 이들의 최대 고민은 자녀들의 등하교길이다. 멕시코에서 부유층 자녀들을 상대로 한 납치사건이 빈발하기 때문에 경호 차량까지 붙여서 자녀들을 학교에 보낸다는 것이다. 이것이 정상적인 일인가. 친구들과 손잡고 학교에 다닐 수 없는 정도라면, 아마도 멕시코의 부자들은 일생 동안 경호원과 함께 살아야 할 것이다. 감옥 아닌 감옥에 갇혀 사는 셈이다.

심하지는 않지만 이 같은 일이 우리나라에서도 벌어지고 있다. 경호원을 대동하고 다니는 정도는 아니지만 우리나라도 부자들은 소위 부자 동네에 모여 살고 모두 자가용을 이용해 이동한다. 보통 사람들도 자녀가 걱정되기는 마찬가지여서 부모가 자녀를 학교에 데려다주고 하교 시에는 학교 앞에 자가용을 세워두고 기다린다. 즉 너나할 것 없이 모두가 불안해하는 모습을 발견할 수 있다. 이런 현상은 앞으로 점점 더 심해질 것이다. 자기만 부자가 되고 돈으로라도 안전을 살 수 있다면 그만이라는 생각이 점차 강해지고 그에 비례해 소외된 사람은 점점 더 늘어날 것이다. 그렇게 되면 사회는 더욱 불안해질 수밖에 없다. 아무리 부자라도 혼자 살 수는 없으니까 밖으로 나오기는 하는데 밖은 너무나 불안하기에 경호원을 고용하게 되고 다니는 곳은 한정되며 만나는 사람 역시 제한될 것이다.

이런 환경에서 행복을 말할 수 있을까. 행복은 물론이고 모든 것이 마음먹기에 달려 있다고 쉽게 말하지는 못할 것이다. 만약 그것이 사실이라면 경호원 없이 자동차 없이 편하게 다닐 수 있어야 한다.

원탁을 잊어버린 현실은 가까운 곳에서도 찾을 수 있다. 대학 캠퍼스를 짓는다고 하자. 교정의 가장 중앙에는 어떤 건물이 있어야 할까. 우리나라 대학 캠퍼스는 보통 행정을 담당하는 대학본부가 한가운데 아니면 가장 좋은 자리를 차지한다. 그리고 각 단과대학은 자신들의 건물을 보다 좋게 꾸미기 위해 혹은 더 좋은 자리를 차지하기 위해 맹렬히 애쓴다. 그렇게 함으로써 단과대학의 서열을 높일 수 있다고 생각하는 듯하다. 이것이 전형적인 피라미드식 사고이고 개인적인 이익을 앞세우는 행태다.

대학 캠퍼스 가운데에는 도서관이 자리해야 한다. 대학의 공동의 부는 무엇인가? 대학 구성원이 가장 많이 이용하고 이용해야 하는 것은 무엇인가? 이런 질문을 해본 적이 있을까 의심이 간다. 대학은 학문을 연구하고 전수하는 곳이다. 그렇다면 그 중심에는 당연히 도서관이 있어야 한다. 그리고 다른 건물은 허름해도 도서관은 매우 훌륭하게 지어야 한다. 그래야 더 많은 사람들이 도서관을 이용할 수 있다. 총장실을 호화롭게 꾸밀 이유는 더더욱 없다. 총장실은 공동의 부에 속하지 않는다. 지원을 맡는 부속시설에 불과하다. 공동의 부에 우선권을 주고 캠퍼스를 조성한다면 대학 본연의 목표에 더 큰 성과가 있을 것이고, 그 성과는 대학 구성원 모두에게 돌아갈 것이다.

선진국과 후진국의 차이는 공공시설의 비중에 있다. 돈이 별로 없어도 사는 데 불편함을 못 느끼게 하는 곳이 선진국이다. 선진국에서는 비록 개인의 집은 좁아도 공원은 넓게 잘 가꾸어져 있다. 마음대로 축구를 할 공터도 있다. 동네 주민이면 누구나 사용할 수 있다. 집에는 책이 별로 없어도 동네 도서관에 가면 못 구할 책이 없을 뿐만 아니라 언제 가도 쾌적한 자리에서 책을 읽을 수 있다. 그리고 복사라든가 컴퓨터 사용에도 아무런 지장이 없게 되어 있다. 도서관의 컴퓨터는 항상 최신형이어서 집의 것보다 좋은 경우가 많다. 그래야 도서관에 갈 맛이 나지 않겠는가. 공동의 부란 나에게 필요없는 것을 모아놓은 것이 아니다. 그것은 우리 모두에게 인간다운 삶을 보장해주는 장치이다.

개인의 부에서 공동의 부로의 전환은 쉽지가 않다. 제2부에서 살펴본 대로 우리는 개인주의, 시장주의 그리고 공리주의에 갇혀 있기 때문에 개인이 먼저이고 개인이 자신의 삶을 책임져야 하며, 자기 노력의 댓가를 정당하게 받아야 된다고 믿고 있다. 그리고 공리주의는 최대 행복만을 추구하지 인간다운 삶에는 관심이 없다. 이런 상황에서 우리는 어렵지만 전환을 해야만 한다.

우리에게도 자랑할 만한 제도가 있다. 국민건강보험은 우리나라에서 가장 발달한 사회보장제도 중 하나다. 하지만 최근이 분야에도 민간보험이 맹렬히 파고들고 있다. 공적인 국민건강보험이 부담하지 않는 영역에 대한 사람들의 불안을 이용해서 시장을 확대하려는 것인데 공동의 부의 정신이 아니라 시장주의에 따른 결과다. 민간보험이 확대된다면 국민의 부담이 그만큼 증가하게 마련이다. 이를 해소하는 방법은 공동의 부를 더 넓히는 데서 찾아야 한다. 국민건강보험이 민간보험보다 더 월등한 써비스를 제공한다면, 그것도 더 싼 가격에 제공한다면 누가 민간보험에 의존하겠는가. 국민건강보험 재정에는 한계가 있다는 핑계로 이 문제를 회피할 것이 아니라 공동의 부를 과감하게 넓히는 궁극적인 해결책을 모색해야 한다.

공동의 부는 주택정책에도 적용해볼 수 있다. 7장에서 폴라니를 통해 토지, 즉 자연은 상품화의 대상이 될 수 없다는 것을 보았다. 토지가 상품화의 대상이 되지 않으려면 임대주택이 주택의 기본이 되어야 한다. 주택은 빌려 쓰는 것이지 반드시 사야 하는 것이 아니라는 생각의 전환을 한다면 집값의 등락에 따른 많은 비극을 막을 수 있다. 하우스 푸어(house poor)가 이제는 일상어가 되었지만 불과 10년 전만 해도 부동산 투자가 일상어였다. 집으로 인해 아주 많은 사람들이 좌절과 환희를 맛보았다. 토지가 상품화됨으로써 이런 일이 벌어졌다. 토지의 상품화를 막고 주거문제를 해결하려면 국가 주도의 임대주택이 주택정책의 기본이 되어야 한다. 즉 토지는 공동의 재산이라는 인식이 있어야 한다.

물론 돈이 많은 소수는 자기 땅을 소유하고 싶어할 것이다. 또 돈이 많든 적든 자기 땅을 가질 수 있어야 사람들은 열심히 일할 의욕이 날 것이다. 이 같은 토지의 소유를 어느정도 허용해야겠지만 토지가 공동의 재산이라는 합의를 깨뜨릴 정도여서는 안 될 것이다. 지금은 여전히 임대주택은 서민을 위한 정책이고 주택정책에서 보조적인 수준에 머물고 있다. 하지만 이것을 개혁하지 않으면 토지의 상품화는 우리의 삶을 황폐화시킬 것이고 그렇게 되면 불행에서 벗어날 수 없을 것이다.

이런 이야기는 다소 비현실적이고 황당하게 들릴지 모른다. 개혁이나 혁명이라야 가능한 상황이라고 생각할 수도 있을 것이다. 하지만 한나 아렌트의 언급을 생각해보면 그렇지도 않다는 것을 알 수 있다. 그는 혁명에 대해 다음과 같이 말한다. "과학 용어에서 혁명이라는 용어는 라틴어의 의미를 그대로 유지했다. 별들의 회전운동은 인간의 영향력을 벗어난 거역할 수 없는 것으로 인식되었기 때문에 새로움이나 격렬함이라는 특징과는 분명히 거리가 먼, 규칙적이고 합법칙적인 것을 의미했다. (…) 모든 혁명적 행위자들이 소유했고 집착했던 이념, 즉 그들이 구질서를 종식시키고 새로운 세계의 탄생을 촉진하는 과정의 행위자라는 이념은 '혁명'이라는 용어의 원래 의미에서 가장 멀리 이탈한 것이다."[3] 혁명은 새로움이나 격렬함과는 다른 규칙적이고 합법칙적인 것을 의미했다는 것이다.

공동의 부라는 개념도 지금의 관점으로 보면 과격하고 이질

제3부 행복을 다시 생각한다

적으로 보일 수 있다. 하지만 꼭 그렇게만 볼 것도 아니다. 모두 평등하게 원탁에 앉아야 하고 원탁의 한가운데에는 공동의 부가 쌓여 있어야 둘러앉은 사람들이 행복해진다는 것이 왜 과격하고 비현실적인가. 오히려 합리적이고 분명한 규칙을 갖고 있지 않는가. 각자 알아서 자신의 노후를 준비하고 각자 알아서 평생 집을 마련하라는 것보다 훨씬 합리적이지 않은가.

이번에는 공동의 부라는 관점에서 노동의 상품화에 대한 대책을 생각해보자. 우리를 불행하게 하는 가장 큰 요인 중 하나는 노동의 상품화라는 것을 이미 살펴보았다. 노동의 상품화의 결과는 사람들이 아무리 열심히 일해도 상품으로서의 가치가 없어지면 바로 노동시장에서 퇴출된다는 것이다. 사람의 노동이 단순히 생산성으로 평가받는 것은 인간에 대한 가장 부당한 대우 중 하나다. 마르셀 모스는 우리가 생산물이나 노동시간보다 더 많은 것을 교환하고 있다고 말한다.

> 자신을 위해서뿐만 아니라 다른 사람을 위해서도 성실하게 수행한 노동에 의해서 평생 동안 정당하게 보답받는다는 것을 확신시키는 것보다 사람을 더 잘 일하게 만드는 방법은 없다고 생각한다. 생산자＝교환자는 자신이 생산물이나 노동시간보다 더 많은 것을 교환하고 있으며 그 자신의 어떤 것, 즉 그의 시간과 생명을 주고 있다고 또다시 느끼고 있다.[4]

우리는 자신의 청춘을 다 바쳤는데 물러나니 허망하다고 이야기하는 퇴직자들의 푸념을 흔히 들을 수 있다. 사실 청춘이 아니라 인생의 거의 대부분을 회사를 위해 바쳤다고 해도 과언이 아니다. 하지만 생산성이 떨어지면 나와야만 한다. 이 울분을 달래는 데는 오랜 시간이 필요하며 많은 경우 끝내 치유되지 않는다. 이런 쓰라린 경험은 자식을 의사나 변호사로 키워야겠다는 교훈을 주며, 그 교훈을 잊지 않은 사람들은 오로지 자식의 대학입시에 목을 맨다. 따라서 사교육비는 계속 증가하고 살림살이는 힘들어진다. 그리고 퇴직 후에는 어떻게 살아가나? 국민연금으로는 도저히 살아갈 수 없고 모아둔 돈은 물론 충분하지 않다. 고령화 사회라는 말이 익숙할 만큼 수명이 늘어났기에 한숨이 깊어질 수밖에 없다.

평생 성실하게 일해왔다면 그리고 그 일이 노동시간이나 생산물뿐 아니라 자신의 시간과 생명을 바친 것이라면 정당한 보답이 있어야 한다. 이 보답을 개인이 해결할 수는 없다. 보답은 다른 사람 혹은 사회가 하는 것이다. 그것이 가능하려면 공동의 부를 원탁의 한가운데에 쌓아놓지 않으면 안 된다. 개인주의, 시장주의 그리고 공리주의의 주장을 그대로 따를 수는 없다.

막스 베버(Max Weber)도 이 점을 알았던 것 같다. 그는 "자본주의가 가장 발전한 미국에서, 종교적이고 윤리적인 의미가 탈색된 부의 추구는 세속적이기만 한 열정과 연계되기 쉬운데, 실제로 종종 스포츠의 성격을 띠곤 한다"[5]라고 말했다. 여기에서 종교적이고 윤리적인 의미란 물론 막스 베버의 정신을 가리키는 것이겠지만 자본주의가 정신적인 면이 탈색되면 스포츠처럼 오로지 승리를 위한 다툼이나 전쟁이 된다는 뜻이다. 부의 축적이 하나의 게임으로 변질되어 인간은 사라지고 오로지게임의 승리만이 목표가 된다는 의미이다. 나는 그 정신적인면이 평등과 공동의 부라고 말하고 있는 것이다.

/

개천에서

용 타령은 그만

/

사회계층의 변동 가능성, 즉 가난한 사람이 상류사회로 진입할 가능성이 이제는 거의 사라졌다는 것이 공공연한 이야기다. 개천에서 용이 나지 않는다는 말이다. 소득 불평등을 완화할대안으로 가장 많이 등장하는 말이 복지이고, 그다음이 아마도교육일 것이다. 소득 불평등의 해법으로 교육을 들먹이는 데는교육을 통해 신분상승의 기회를 잡을 수 있게 해야 한다는 인식이 자리잡고 있다. 가난한 집안의 자식이 교육받을 기회를얻지 못하면 가난은 대를 이어 전해질 수밖에 없기에 교육 기회의 균등이 반드시 보장되어야 한다는 주장이다. 물론 옳은지적이고 올바른 해법이다. 교육 기회 균등에 대해 이의를 제기할 사람은 없을 것이다. 그렇다면 교육 기회 균등이 실현되었다고 하자. 그럼 무엇을 배우고 가르칠 것인가? 아마도 지금과 별로 달라지지 않을 것이다. 여전히 신분상승을 위한 교육, 즉 입시 위주의 교육이 행해진다면 말이다.

지금의 교육은 개인을 단위로 이루어지고 있다. 자신이 출세하기 위해서 열심히 공부하는 것일 뿐 다른 이유들은 명목에 불과하다. 따라서 어떤 제도를 도입해도 사교육을 잡을 방법이 없다. 개인의 신분상승 욕구를 꺾을 방법이 민주주의와 시장경제하에서 가능하겠는가. 지금의 교육이 개인을 그리고 가정을 불행하게 만들고 있다는 것은 이제는 더이상 뉴스가 아니다. 이렇게 개인이 단위가 되는 사회를 우려하여 애덤 스미스는 "공공학교제와 민간 교육을 활용해 상업사회의 원자화 효과에 균형을 잡아야 한다"고 말했고, 맑스는 "사유재산의 완전 폐지와 공산주의 제도를 주문했다".[6]

학력 경쟁을 통해 국가경쟁력을 높인다는 주장은 어느정도 사실일 테지만, 그보다는 개인의 무한경쟁을 묵인하는 구호일 가능성이 훨씬 더 높다. 우리는 원자화 혹은 파편화되어 있고, 이것은 교육을 통하지 않고는 원상회복될 가능성이 적다. 따라서 앞으로의 교육의 목적은 신분상승이 아니라 원자화를 막는 것이어야 한다. 그럼 현대 행복론의 근간이 되는 공리주의는 교육에 관해 어떤 입장인가? 밀은 교육의 중요성을 다음과 같이 말한다.

제3부 행복을 다시 생각한다

교육과 여론이 사람의 성격 형성에 지대한 영향을 끼치는 만큼, 모든 개인이 자신의 행복과 전체의 이익 사이에, 특히 자신의 행복과, 보편적 행복에 영향을 주는 긍정적이고 부정적인 행동 양식 사이에 긴밀한 끈이 연결되어 있다는 사실을 분명히 깨닫게 해주어야 한다. 그래야 어느 누구든 공공의 이익과 배치되는 행동을 통해서는 지속적으로 행복을 느낄 수 없다는 것을 알게 될 것이기 때문이다. 또 그렇게 해야 공공의 이익을 증진하고자 하는 직접적인 충동이 각 개인의 습관적인 행동 동기 중 하나가 되고, 이런 과정에서 발생하는 감정이 모든 사람의 일상 속에서 크고 중요한 위치를 차지할 수 있기 때문이다.[7]

밀에 의하면 공리주의 교육에서는 개인의 행복이 공공의 이익을 침해해서는 지속될 수 없다고 가르친다. 개인의 행복과 전체의 이익 간의 조화를 꾀하는 것을 목표로 삼지만, 이것이 여의치 않다는 것을 인정하고 결국 개인에게 공공의 이익에 반하는 행동을 하지 않도록 교육해야 한다고 주장한다. 어디에선가 많이 들어본 이야기다. 학교 다닐 때 조회시간에 자주 들었던 것 같고 윤리시간에도 배웠던 것 같다. 그리고 요즘 신문 칼럼에서도 볼 수 있다. 공리주의의 영향은 역시 지대하다. 문제는 이 공리주의가 평등이나 공동의 부에 대해 전혀 관심이 없다는 사실이다. 즉 최대 행복 산출을 목표로 하기에 그 안에서 벌어지는 일에는 관심이 없다는 것이다.

공리주의는 기본적으로 결과주의다. 동기야 어떻든 결과가 모든 것을 말한다고 주장한다. "물에 빠진 동료를 구해주는 행위는 그 동기가 의무감에서였든 아니면 그런 수고를 통해 보상을 받으리라는 희망 때문이었든 상관없이 도덕적으로 옳다"[8]라고 밀은 말하며 "공리주의자들도 결국에는 좋은 행동이 좋은 성격을 가장 잘 입증한다는 것을 인정하게 되리라고 생각한다"[9]라고 주장한다.

우리의 교육 역시 이와 같지 않은가. 어쨌든 좋은 성적을 올리고 일류대에 합격하면 그것으로 모든 것은 끝이다. 사회에 나와서도 어쨌든 출세해서 돈·명예·권력을 손에 넣으면 역시 그것으로 끝이다. 그리고 얻은 자와 얻지 못한 자 사이에는 심연이 가로놓이고, 얻은 자는 성취감 못지않은 공허함이나 애써 얻은 것을 잃을지 모른다는 불안으로 불행하고, 물론 얻지 못한 자는 울분과 불운으로 불행하다. 이런 교육을 근본적으로 고치지 않는 한 우리가 과연 불행을 면할 길이 있을까? 인성교육이다, 특성교육이다 하지만 그것 역시 경쟁이고 개인 단위로 이루어진다.

나는 이런 결과주의나 총합주의에서 벗어나 평등과 공동의 부를 가르치는 것이 교육이라고 생각한다. 평등과 공동의 부는 가르치지 않으면 사회에 뿌리를 내릴 수 없다. 현대와 같은 개

　　　　　　　　제3부 행복을 다시 생각한다

인주의, 시장주의 그리고 공리주의가 지배하는 사회에서는 더 더욱 그렇다. 애덤 스미스의 주장처럼 균형을 잡아주지 않으면 안 된다. 개인적인 이익에 앞서 공동의 부를 형성해야 한다는 것, 그리고 평등이 보장되어야 자유가 생겨나며, 평등은 제도에 의해 마련되어야 한다는 것이 교육이 아니라면 퍼져나갈 가능성은 높아 보이지 않는다. 교육은 신분상승의 기회가 아니라, 모두가 좀더 좋은 삶을 살기 위해서 평등과 공동의 부가 필요하다는 것을 체험하게 하는 토대가 되어야 한다.

개인과 공동체 사이에는 아무런 연결고리가 없다.

개인은 실체가 있지만

공동체는 관념일 뿐이기 때문이다.

지하철에서 적벌남이 되어서는 안 되는 이유는 분명하다.

옆에 있는 사람은

인터넷 게임에 나오는 캐릭터가 아니다.

살아 숨쉬고 냄새도 나는 인간이다.

지금 바로 옆에 있는 낯선 사람과

어떻게 지내야 하는지에 대한 문제를

해결하지 않고는 살아가기가 힘들다.

11

예의가 우리를 구한다

/

좋은 관계

맺는 법

/

우리는 매일 낯선 사람들과 부딪치면서 살아간다. 낯선 사람이 물론 가족, 친구, 친척 또는 이웃을 말하는 것은 아니다. 지하철에서 보게 되고 옆에 앉거나 서게 되는 사람들, 낯설지만 가까이 있는 이 사람들은 나의 일상에 크나큰 영향을 끼친다. 누군가 발을 밟고도 미안하다는 소리 없이 가버리면 하루 종일 기분을 망칠 수도 있다. 걸어가는 데 앞사람이 담배를 피우고 가면 기분이 나빠진다. 그 사람을 피하려고 앞서가니 길에 서서 두 사람이 담배를 피우고 있다. 이쯤 되면 아주 불쾌해진다. 그리고 조금 더 걸어가면 뒤에서 갑자기 오토바이가 옆으로 스치듯 지나간다. 위험하다. 인도로 달리는 오토바이가 나를 불안하게 한다. 또 운전하는 사람들을 보라. 만인이 만인을 위한 투쟁을 하는 것으로 보이지 않는가. 이런 일상에서 벗어날 길은 없어 보인다. 낯설지만 가까이 있는 사람들과의 관계는 어떻게 하면 좋아질까? 이 문제를 풀지 않고서는 좋은 삶이란 가능해 보이지 않는다.

행복이 사이에 있다고 강조하는 『행복교과서』는 좋은 관계 유지 방법을 다음과 같이 소개한다. 호주의 심리학자 티모시는 'SUPPORT'라는 방법을 제시하는데, S = Strengths(장점 찾기), U = Unconditional love(조건 없는 사랑), P = Praise(칭찬하기), P = Positivity(긍정적 생각), O = Openness(열린 마음), R = Respect(존중하기), T = Trust(신뢰하기) 등이다. 이런 방법을 소개하면서 『행복교과서』는 "좋은 친구가 없다고 불평하기보다 내가 먼저 좋은 친구가 되어 주려고 노력해야 한다"고 권한다. 이런 방법이 좋지 않다고 말하는 사람은 아마도 없을 것이다.[1]

문제는 다른 데 있다. 티모시의 방법은 친구를 사귀는 데는 유용할지 몰라도 거리에서 마주치게 되는 사람들에게는 별 효과가 없다. 낯설지만 가까이 있는 사람을 대상으로 장점 찾기, 조건 없는 사랑하기, 신뢰하기는 무리가 아닌가. 인도로 오토바

제3부 행복을 다시 생각한다

이를 모르는 사람을 상대로 칭찬하기, 긍정적 생각 갖기, 열린 마음 갖기, 존중하기도 역시 무리일 것이다. 통한다면 친구나 가족 정도가 될 텐데 그것도 여의치 않다. 가족과 친구도, 낯설지만 가까이 있는 사람들과 근본적으로는 다르지 않을 수 있기 때문이다.

우리가 맺는 모든 관계는 처음부터 어떠어떠한 관계여야 한다고 정해진 것은 없다. 날 때부터 관계가 정해진다고 믿고 있는 것 중에 대표적인 것이 가족, 즉 혈연이다. 사실 가족이라는 유대감은 오랜 시간을 함께하면서 쌓아온 신뢰와 공유하고 있는 기억 덕분에 생기지 가족이라는 사실만으로 만들어지지는 않는다. 이렇게 본다면 가족은 다른 이들보다 더 자주 더 가까이에서 만나는 관계일 뿐이다. 그렇기에 가족이란 이름으로 억압이 이루어져서는 안 되고, 평등을 바탕으로 각자의 역할을 하면서 다른 사람들보다 더 감정적인 면을 배려하고 신경써야 한다.

나는 가족, 친구, 친척은 물론이고 낯설지만 가까이 있는 사람들 사이에는 예의가 있어야 한다고 말하고자 한다. 티모시의 좋은 관계 유지 방법은 개인을 단위로 한다. 즉 남들과 좋은 관계를 맺기 위해서 개인이 무엇을 해야 하는가를 지적하고 있다. 남의 장점을 찾고, 열린 마음으로 대하며, 조건 없이 사랑하고, 칭찬해주고, 존중해야 한다는 방법을 제시하는데, 모든 사람이 이렇게 한다면 아무런 문제도 없을 것이다. 하지만 앞에서 본 바와 같이 이런 방법은 낯설지만 가까이 있는 사람들에게는 적용되지 않는다. 따라서 일반적으로 적용되는 방법을 찾아야만 하는데, 나는 그것이 예의라고 생각한다.

생각해보면 그 많은 행복 찾기 방법에 예의가 등장하는 것은 찾아보기 힘들다. 거의 모두 자신의 마음을 다스리라고 권하고, 좋은 관계를 유지하려면 나누고 베풀라고는 말하지만 이상하게도 예의를 말하지 않는다. 그리 이상한 것도 아니다. 현대는 개인주의 시대이기에 개인이 중심이다. 예의란 사회 구성원 모두가 지켜야 할 덕목이나 형식인데 개인주의 시대에는 개인의 마음가짐이나 행위에 더 관심을 갖게 마련이다. 개인주의 시대에는 남의 자유나 권리를 침해하지 않는 범위 내에서 나의 자유를 구가한다는 명제가 통용될 뿐이다. 서로가 지켜야만 하는 것이 있다는 인식은 그다지 머릿속에 있지 않다.

예전에는 자동차 접촉사고가 나면 운전자 쌍방이 도로로 튀어나와 고성을 주고받으며 거칠게 싸웠다. 차가 막히고 교통이 마비돼도 아랑곳하지 않았다. 요즘에는 이런 풍경을 보기가 어렵다. 사고가 나면 나와서 살펴보고 보통은 각자 보험회사에 전화를 하고 기다린다. 별말도 없다. 사고는 자기 소관이 아니고 보험회사 소관이라는 점을 공유하고 있기 때문이다. 이런 모습은 과거에 비해 합리적으로 보일 수도 있지만 뭔가 삭막해 보이기도 한다. 누가 잘못했건 미안하다고 말하지 않는다. 먼저 그런 말을 하면 책잡힐 수 있기 때문이다. 먹살잡이보다 훨씬 예의를 차리는 것처럼 보이지만 이것 역시 예의와는 거리가 멀다. 합리성이라는 이름으로 삭막함을 덮고 있을 뿐이다. 개인은 고립되어 있고 고립에서 벗어나기 위해 좋은 관계를 맺으려 애쓰나 그것은 풀 없이 종잇장들을 붙이려는 것과 같다.

좋은 관계를 맺는 가장 좋은 방법은 예의다. 평등을 바탕으로 한 예의를 통해 우리는 가까운 사람들과 좋은 관계를 맺을 수 있고, 좋은 관계를 맺는다면 좋은 삶을 위한 환경이 조성될 것이다. 그리고 좋은 삶을 위한 환경 조성에 힘쓰는 일 자체가 좋은 일이다. 예의가 무엇인지를 말하면서 우리는 자연스럽게 제2부에서 제기한 문제에 대한 답을 찾을 수 있을 것이다. 즉 시장주의에서 비롯된 추상화, 민주주의에서 비롯된 행복에 대한 집착, 그리고 역시 민주주의에서 비롯된 즉흥적 쾌락, 아울러 개인주의가 불러온 가짜 관계와 고립이 어떻게 해소될 수 있는지도 알 수 있을 것이다.

/

공중도덕은

낡은 말이라고?

/

기부를 최상의 덕목처럼 여기게 된 것은 꽤 오래되었다. 대부분 어렸을 때부터 기부하면 남도 돕고 자신도 행복해진다는 이야기를 수없이 들어왔다. 거의 모든 행복 상인들도 나누고 베풀 것을 항상 권한다. 물론 옳은 이야기다. 하지만 기부나 자선은 앞서 말한 것처럼 사회·경제 구조의 치명적 결함을 호도하는 도구가 되기도 하고 가난한 사람에게 굴욕을 안길 수도 있다.

심리학자들은 기부를 하면 행복해진다는 사실을 과학적으로 증명하는 데 가장 앞서 있다. 『행복교과서』에도 이런 실험이 나온다. 심리학자들이 사람들을 초청한 후에 5달러 내지 20달러를 주고 절반의 사람에게는 돈 전부를 자신을 위해 쓰라고 하고 나머지 절반의 사람에게는 다른 사람을 위해 돈을 쓰라고 한다. 그러고는 오후 5시까지 돌아오게 한 다음, 아침에 비해 어느 쪽이 행복이 더 증가했는지를 조사하는 실험이다. 결과는 남을 위해 돈을 쓴 사람들이 더 행복이 증가했다는 것이다. 행복이 증가했다고 답한 사람들은 자신이 쓸모있는 사람, 좋은 사람이라는 느낌이 들었다는 점을 이유로 든다. 아마도 이 실험 결과를 그대로 받아들여도 큰 무리가 없을 것이다. 누구나 예상할 수 있기 때문이다.

이 실험에서 돈의 액수만 바꿔보자. 즉 5달러 내지 20달러가 아니고 100만 달러라고 해보자. 즉 하루에 100만 달러를 자기 자신을 위해 쓰든지 남을 위해 쓰든지 하면 어떻게 될까? 혹시 100만 달러를 가지고 그냥 도망가는 경우는 생기지 않을까? 자기 자신을 위해 여한 없이 써서 더 행복하다고 말하는 사람이 많을 것 같기도 하다. 길에 떨어진 몇천만원을 그냥 가지고 갔다가 감옥에 가게 된 사람들이 평범한 사람들인 것을 감안하면 일리있는 생각이다. 5달러와 20달러 실험으로 인간의 이기주의와 본능을 제대로 파악했다고 하기는 어려울 것이다. 따라서 이런 실험을 근거로 섣불리 남을 위하는 것이 더 행복을 증진시킨다고 결론을 내려서는 안 된다.

그렇다면 왜 이 실험을 군이 이야기하고 있는가? 그것은 우리가 행복 비법이라고 믿어왔던 것을 의심해보고 좀더 근본적인 방법을 찾아보기를 권하기 위해서이다. 우선 앞의 실험만으로 기부가 자신의 행복을 더 증진시킨다고 보는 건 무리일 듯하다. 표본의 수도 너무 적을 뿐 아니라 기부를 잘하는 사람을 주로 대상으로 하기에 표본의 신뢰도도 떨어진다. 게다가 앞에서 본 것처럼 실험도 인간의 본성을 시험에 올리기에는 너무 사소한 범위에서 행해진다. 기부는 일단 예외로 치는 것이 맞겠다. 물론 기부가 행복을 위한 중요한 방법임은 틀림없는 사실이다. 하지만 일반적인 현상이 해결된 후에 예외적인 경우를 다루는 것이 합리적이지 않은가. 나는 일반적인 현상을 해결하는 방법으로 공중도덕에 주목해보고자 한다.

공중도덕이라는 말은 이제는 필요없어진 말처럼 보인다. 케케묵은 골동품 같다. 그것은 개인주의 시대의 도래 때문으로 보인다. 개인이 중심이기 때문에 공중이라는 말은 설 자리를 잃었다. 하지만 오늘날 개인주의의 폐해가 드러나게 되자 사람들은 공동체를 들고 나왔다. 공동체가 잘 되어야 개인도 잘 된다는 논리와 개인의 발전이 공동체의 토대라는 논리가 동시에 작동하게 된 것이다.

그런데 개인과 공동체 사이에는 아무런 연결고리가 없다. 개인은 실체로서 존재하지만 공동체는 실감할 수 없는 관념일 뿐이다. 분명히 밝히건대 공중도덕은 공동체의 질서에 관한 것이 아니다. 즉 국가나 사회질서 유지를 위해 요구되는 것이 아니다. 국가주의가 공중도덕이나 질서를 내세워 개인을 탄압한 시대가 있었기에 이런 생각을 할 수 있으나 그것과는 관계가 없다. 공중도덕은 개인과 개인이 좋은 관계를 맺도록 도와주는 데 그 목적이 있다. 예의란 그런 데 쓰려고 있는 것이 아닌가. '지금 바로 앞에 있는 낯선 사람과 어떻게 지내야 하는가?' 이런 질문에 답하는 것이다. 이런 것을 해결하지 않고는 살아가기가 힘들다.

차창 밖으로 무심코 담배꽁초를 버리는 사람이 없다면, 교차로에서 꼬리 물기를 하지 않는다면, 차선을 지그재그로 바꾸지 않는다면, 가래침을 길에 뱉지 않는다면, 지하철에서 큰소리로 통화하지 않는다면, 지하철 무임승차를 하지 않는다면 살기가 훨씬 좋아지지 않겠는가. 이런 공중도덕은 끝없이 열거할 수 있을 것이다. 지키면 모두가 편하고 살기 좋아지는 것이 공중도덕이다. 그런데 이것을 안 지킬 이유가 있는가. 행복이 사람들 사이의 관계에 있다고 그렇게 소리 높여 주장하면서 왜 사람들 사이의 약속인 공중도덕에 대해서는 아무 말도 하지 않는가. 공중도덕이야말로 사람과 사람 사이의 관계 증진의 토대인 것을 잊은 것이 아닌가. 아마도 공중도덕은 진부하기 때문에 이제는 관심사에서 멀어졌는지도 모른다.

공중도덕은 시장주의가 낳은 추상화 문제를 해결하는 데도 도움이 된다. 시장주의는 결국 돈이라는 추상화로 가게 되었다는 것을 이미 살펴보았다. 구체적인 사람이 배제된 채 숫자라는 추상화에 이르게 되고 숫자는 아무리 커져도 무한히 커질 수 있으므로 인간은 만족할 수 없게 된다고 밝혔다. 그 결과 사람들은 추상화에 익숙해지고 점차 구체적인 세계에서 멀어지게 되어 불행해진다. 공중도덕을 지키게 되면 이런 추상화에서 벗어나게 된다. 왜냐하면 구체적인 사람을 상대하지 않으면 안되기 때문이다.

지하철에서 쩍벌남이 되어서는 안 된다. 무릎을 오므리고 앉아야 한다. 옆에 있는 존재는 스마트폰 화면이나 인터넷 게임에 나오는 캐릭터가 아니다. 살아 숨쉬고 냄새도 나는 인간이다. 즉 공중도덕의 상대는 추상화된 대상이 아니다. 미세한 마음의 움직임도 시시각각 변하는 심리상태도 읽어야만 하는 실체가 있는 사람이다. 사람을 만나서 악수를 하면 그 손의 악력과 촉감 그리고 정서까지 느낄 수 있다. 이런 것들은 텔레비전 화면에서는 불가능한 작업이다. 다시 말해서, 구체적인 존재를 끊임없이 우리에게 일깨우는 것이 바로 공중도덕이다. 따라

우리가 만나는 사람은

스마트폰 화면 속의 캐릭터가 아니다.

서 공중도덕을 통해 우리는 추상화에서 상당 부분 벗어날 수 있다.

사람들과 부대끼는 것은 추상화를 완화하는 데에 도움을 줄 뿐만 아니라 동시에 개인주의가 낳은 가짜 관계를 해소하는 데에도 도움을 준다. 앞서 예로 든 버스나 지하철에서 스마트폰에 열중하는 사람들의 이야기를 다시 한번 살펴보자. 이들의 문제는 자신이 관계 속에 있다고 착각하는 것이다. 모니터 속의 얼굴은 그저 그림에 불과하다. 냄새도 나지 않고 뒷모습을 볼 수도 없는 평면의 그림이다. 손을 뻗어 만지면 모니터의 질감만 전해질 뿐이다. 이와 달리 버스 옆자리에 앉아 있는 사람은 내가 마음만 먹으면 뒷모습도 볼 수 있는 부피를 가진 사람이다. 그가 어떻게 움직이느냐에 따라 나의 몸도 움직여야만 한다. 그가 내리려고 한다면 나는 몸을 틀어 옆으로 길을 내줘야 한다. 스마트폰 화면 조작하듯이 손가락만을 움직여서는 안된다. 틈이 좁을 경우에는 일어나야만 한다.

신경을 써서 공중도덕을 지킨다고 해서 행복해지지는 않을 것이다. 하지만 공중도덕을 지키면 추상화와 가짜 관계 문제를 해결하는 데 꽤 도움이 된다. 우리가 함께 살아가야 할 존재가 숫자나 관념이나 모니터 속의 캐릭터가 아니라 냄새가 나고 땀을 흘리고 실제로 공간을 점유하는 인간이라는 것을 깨닫게 하기 때문이다. 다시 말해서, 공중도덕을 지키는 것은 사람을 행복하게 하지는 않지만 좋은 삶을 가능하게 하는 여건을 만들어

준다. 그리고 타인과 자신이 좋은 삶을 살 수 있는 환경을 조성하는 것이 바로 좋은 일이다. 그런 환경 속에서 우리는 더 나은 삶, 더 나은 사람이 될 수 있기 때문이다. 사소한 일로 인한 짜증, 무신경으로 인한 상처, 안하무인의 큰소리만 없어도 우리 삶의 질은 지금보다 훨씬 더 좋아질 것이다.

/

몸으로 하는

답례

/

예전에 결혼식에 가면 답례품으로 떡이나 수건을 주곤 했다. 어렸을 때에는 떡이 좋았다. 맛있게 먹을 수 있었으니까. 하지만 조금 지나서는 수건도 필요하다는 것을 알게 되었고, 그즈음에는 우산도 답례품으로 등장했다. 요즘은 결혼식에 가도 식사만 나올 뿐 답례품은 없다. 법으로 금지된 것인지 어떤지 잘 몰라도 이것을 이상하게 여기는 사람은 없는 것 같다. 떡이나 수건, 우산 모두 이제는 너무나 평범해서 선물로서의 가치가 없어진 것일지도 모른다. 요즘은 직장동료나 가까운 친지들에게만 돌리고 만다고 한다. 답례품은 이제 돌잔치에서나 찾아볼 수 있다.

나는 결혼식에서 답례품이 없어진 것을 고마움을 전하는 마음이 약화된 증거 중 하나로 여기고 있다. 식사 대접만 하고 답례품이 없는 건 아무래도 이상하다. 사람이 무엇인가 받으면 그에 대해 고마움을 직접적으로 표하는 것이 더 낫지 않은가. 어찌되었든 남이 해준 것에 대해 감사하는 것은 이제까지 삶의 지침이었고, 아마 앞으로도 삶의 지침이 될 것이다.

답례까지는 아니어도 감사가 행복의 비결이라는 것은 널리 알려진 사실이다. 많은 행복 지침서는 자신의 일상적인 것, 사소한 것에도 감사하라고 권한다. "이제, 우리가 그동안 당연하게 여겼던 것들, 예를 들어 숨쉬게 해주는 공기, 따뜻한 햇볕, 편안하게 쉴 수 있는 집, 부모님의 사랑, 친구들, 이웃들, 그리고 세상에 한명뿐인 나를 떠올리고 감사를 느껴보자. 사소한 것도 소중히 여기며 감사히 여기는 습관은 언젠가 겪게 될 수 있는 어려움을 이기게 해주는 마음의 근육 같은 역할을 해줄 것이다."[2]

모두 옳은 말이다. 사소한 것에 그리고 당연하게 여기는 것들에 감사하는 것이 삶을 긍정적으로 보게 하고 난관을 극복하는 힘이 될 수 있다. 또 그렇게 하면 성공은 물론 행복해질 가능성도 높아질 것이다. 그런데 감사의 중심에 자기 자신이 있다는 것이 문제다. 이 설명대로라면 공기, 햇볕, 집, 부모, 친구, 이웃, 게다가 세상에 한명뿐인 자신에게 감사하기만 하면 된다. 그것으로 충분하다. 하지만 이런 자세는 감사의 주체가 자신이고 다른 것은 모두 대상화되기 때문에 자신은 고립되는 결과를 불러온다. 모든 것에 감사하고, 살아 숨쉬는 것까지 감사해 감사가 넘치게 될지라도 자신의 밖으로 한발짝도 나가지 못하기 때문이다.

햇볕에 감사하면 어떻게 해야 하나? 해를 보고 감사하다고 말해야 하는가. 부모의 사랑에 감사하면 어떻게 해야 하는가? 부모에게 감사하다고 말하는 것에 그쳐야 하는가. 행복 지침서에 따르면 모든 것에 감사의 마음을 갖기만 하면 된다. 감사를 통해 자신의 마음 근육을 키운다고 해도 어디 가서 한번도 써먹지 못한다면 슬픈 근육이 될 것이다. 그 근육을 가지고 다른 사람을 위해 무엇인가 해야만 한다. 그래야 고립에서 벗어날 수 있다.

감사하기는 단순히 마음으로 감사하는 데 그치지 않는다. 많은 행복 지침서가 감사 목록을 만들도록 권하고 있다. 『행복교과서』도 예외가 아니어서 "놀랍게도 최근의 연구들은 일주일에 한번, 감사의 조건을 다섯가지씩 적어보는 것만으로도 우리의 행복감이 상승한다는 것을 보여준다"[3]고 알려준다. 이것은 새삼스러운 일이 아니다. 당신이 아무것에도 감사할 일이 없을지라도 감사의 목록을 작성하려 한다면 처음에는 몇개 되지 않지만 시간이 흐르면 목록은 점점 더 길어질 것이고, 그에 비례해서 행복감도 높아질 것이라고 한다. 사실일지도 모른다. 하지만 이런 모습은 자신의 행복에 집착하는 모습일 수도 있다. 나는 행복해야 한다. 따라서 감사의 목록이라도 만들어서 악착 같이 행복해져야겠다는 자세로 보이는 것이다. 이런 식으로 행복을 얻어야 한다면 평생 피곤하게 목록을 만들어야 한다. 그리고 이런 집착이 자신을 불행하게 만들 것이다.

답례와 감사는 다르다. 물론 답례는 감사의 표현 방법 중 하나다. 하지만 특정한 상대를 상정한다는 점에서 감사에 비해 훨씬 구체적이고 간혹은 물질적이다. 혼자서 이것도 감사하고 저것도 감사하고 심지어 자신에게 혼자서 감사하는 마음만 갖는 것이 아니라 반드시 상대방에게 감사를 표한다. 때로는 답례품이라는 물질을 통해 상대방에게 마음을 표현해야 한다. 돌잔치가 끝나고 집에 돌아와 오늘 돌잔치에 많은 사람이 와준 것에 대해 감사한다고 감사 목록에 하나를 추가하는 것이 아니다. 감사하는 마음을 좀더 적극적으로 표현해야 한다. 허공에 대고 줄 수는 없는 것이라 구체적인 감사의 표현 혹은 물질적인 답례품을 상대방에게 전달해야 한다.

우리는 감사의 마음을 간직하는 것으로 충분하다고 여기는 때가 많은 것 같다. 하지만 고마움에 구체적으로 답을 할 때에야 비로소 진짜 관계가 성립된다. 관계란 상대가 존재해야 하고 그리고 구체적인 행위가 있어야 한다. 앞서 언급한 공중도덕은 특별한 관계 맺기는 아니었다. 불특정 다수를 상대로 좋은 삶을 영위할 수 있는 여건을 만드는 일이었다. 그에 반해 답례는 관계 맺기의 핵심이다. 단순히 감사하는 마음만 가져서는 안 되고 반드시 상대방에게 구체적인 혹은 물질적인 감사를 표현해야 한다. 이런 답례는 가까운 사람들 사이의 관계를 유지하는 데 필수다. 가족, 친구, 동호회에 예외없이 해당된다.

앞서 말한 대로 가족은 평등을 기초로 한다. 모두 기본적으로 평등한데 역할이 다를 뿐이다. 부모의 역할이 있고 자식의 역할이 있다는 것이다. 그런데 역할만으로는 좋은 관계를 유지할 수 없다. 역할에 충실할 뿐 아니라 서로가 고맙다는 표시를 해야만 한다. 한집에서 살다보면 어떤 일이든 생기게 마련이고, 벌어진 일을 해결하는 데에는 역할을 넘어서는 무엇인가가 필요하다. 이것에 대해 고맙다는 표시를 해야 한다. 가족끼리도 답례를 할 줄 알아야 한다.

예를 들어보자. 가정 형편이 어려워 형이 대학 진학을 포기하고 취업을 하여 공부 잘하는 동생의 대학 등록금을 대주었다고 하자. 동생이 성공을 거둔 후에 형에게 받은 은혜를 갚는 것이 상식이다. 가족이니까 서로 신세질 수 있다고 넘어갈 수는 없을 것이다. 그럼에도 불구하고 형에게 감사의 마음만 갖는다면 형제간의 관계는 어떻게 될까? 아마도 원만하지는 않을 것이다. 부부도 마찬가지다. 아내가 남편을 위해 희생을 했다면 남편이 아내에게 하는 물질적인 보상도 중요하다. 부부니까 어려울 때 기대는 것은 당연하다는 식은 곤란하다. 전통적인 개념인 효도도 이 같은 맥락에서 이해할 수 있다. 효도는 자식이 부모의 고마움에 구체적인 혹은 물질적인 보답을 하는 것이라 볼 수 있는 것이다.

상대방이 있다는 것은 우리가 추상화에서 빠져나올 수 있고, 가짜 관계에 빠지지도 않는다는 것을 의미한다. 특히 친구가 있다면 고립에서 빠져나올 수 있고 즉흥적인 쾌락에서 빠지지도 않을 것이다. 친구를 사귀는 데는 오랜 시간이 걸린다. 하루이틀 만나서는 친구라고 할 수 없다. 꽤 오랜 시간 동안 서로 많은 것을 함께 겪고 헤쳐나오면서 서로에게 자신을 있는 그대로 보여줌으로써 친구가 되는 것이다. 따라서 친구 관계를 맺는 것은 즉흥적인 쾌락을 추구하는 것과는 한참 거리가 멀다. 그런데 친구를 사귀는 데도 역시 답례가 필요하다. 기질이 맞아서 친구가 되었다 해도 친구 관계를 유지하려면 답례하는 것을 잊으면 안 된다. 물론 받은 그만큼 돌려주어야 한다는 의미가 아니다. 고마운 마음만 먹어서는 안 된다는 말이다. 필요한 장소에 나타날 줄 알아야 하고 필요한 때 적절한 위로를 할 줄 알아야 한다. 꼭 물질적인 형식이 아니더라도 어떤 형태로든 서로가 서로에게 답례한다는 마음이 없다면 좋은 관계를 유지할 수 없다.

공리주의자라면 답례에 대해서도 이것이 최대 행복 추구에 적합한지를 따질 것이다. 답례가 주는 쾌락을 기준에 따라 계산을 하는 것인데, 이런 자세는 비난을 받아왔다. 그래서 8장에서 본 바와 같이 밀은 "네 이웃을 네 몸처럼 사랑하라"가 공리주의 윤리의 핵심이라는 무리수를 두고 말았다. 이와 같은 무리수를 둔 것은 공리주의가 기본을 잊고 있기 때문이다. 인간의 기본 예의를 잊고 있다는 것이다. 고마움에 대해서 상대가 누구이든 답례를 하는 것은 인간의 기본 태도다. 이것이 논쟁 거리가 될 수는 없을 것이다. 하지만 공리주의의 영향으로 현대인은 모든 것을 자신의 행복과 연관지어 생각한다. 고마운 마음을 가질 때 자신이 행복해진다는 사실에만 관심을 둘 뿐이지 고마운 마음을 시간과 물질로 상대방에게 표하는 것은 주저한다. 그리고 외면한다. 고마움 알기는 행복의 목록에 있지만 답례는 목록에 없기 때문이다.

가장 흔한 갈등관계인 시어머니와 며느리 사이에도 답례하기는 적절한 해결책이 될 수 있다. 갈등의 시작은 시어머니라는 말 자체에서 비롯된다. 자신을 시어머니라고 내세우는 순간 시어머니로서의 역할은 끝나고 관습에 의거한 권력이 등장하게 된다. 권력이 등장하면 평등이 깨지고, 평등이 깨지면 당사자 모두 자유롭지 못하게 된다. 그렇게 해서 문제가 생기면 서로를 이해하라는 처방을 받게 된다. 노력을 하지만 쉽사리 고쳐지지 않는다. 애써도 문제가 반복되면 아예 문제를 없애려 극단적 조치를 하기도 한다. 이런 과정을 거치지 않으려면 서로에게 기본을 해야 한다. 즉 서로에게 고마운 마음을 가짐은 물론 그것에 대해 답례하는 것을 일상으로 삼아야 한다.

서로를 사랑하라, 신뢰하라, 이해하라 등 행복 지침서에 꼭 나오는 권고사항은 분에 넘치는 것들이다. 왜냐하면 사랑, 신뢰, 이해는 실제로는 능동태가 아닌 수동태이기 때문이다. 사랑하는 것이 아니라 사랑하게 되는 것이고, 신뢰하는 것이 아니라 신뢰하게 되는 것이며, 이해하는 것이 아니라 이해하게 되는 것이다. 사랑하게 되려면 기본을 해야 한다. 기본을 해야 사랑이든 신뢰든 이해가 형성될 소지가 있다. 기본을 모르는데 신뢰가 생길 리 없다. 기본을 하지 않는데 어떻게 이해를 하게 될 수 있는가? 기본을 하는 것, 즉 고마운 마음을 가짐은 물론 답례하는 것은 야구에서의 수비와 같다. 야구에서는 아무리 공격력이 강한 팀이라도 수비가 약하면 시합에서 이기기 힘들다. 수비를 잘한 후에 공격에 힘쓰는 것이 강팀이 되는 비결이다. 공격은 겉보기에 화려하다. 게다가 공격으로 득점하지 않으면 이길 수 없기에 눈에 우선 띈다. 하지만 수비가 뒷받침되지 않는다면 아무리 공격력이 좋아도 무너지는 것은 한순간일 뿐 아니라 꾸준히 승률을 올릴 수도 없다.

/

시장주의에

맞서다

/

산악회에 가면 하루 종일 회원들과 산을 오른다. 내려와서는 보통 식사를 하고 헤어진다. 많은 비용이 들지 않고 하루를 즐길 수 있어 요즘 인기가 아주 좋다. 동호회에 가면 사람들은 평소와는 다른 모습을 보인다. 힘들어하는 사람을 기꺼이 도와주고 어려운 일은 서로 도맡아 하려 한다. 기본적으로 유쾌한 분위기에서 모두 스트레스 해소에 기여하려는 것이다. 그리고 이해관계를 따질 것도 별로 없다. 회비를 내면 그만이고 그다음은 개인이 선심을 쓰는 것이기 때문이다. 이런 모임은 소중하다. 이런 모임을 통해 시장주의가 불러일으킨 폐해를 극복할 가능성을 확인할 수 있기 때문이다. 물론 서로 비싼 등산복을 입으려 경쟁하거나 누가 더 비싼 점심을 내는가에 관심을 갖는다면 여전히 시장주의에서 벗어나지 못했다고 해야 할 것이다. 동호회에서는 적어도 숫자에 의한 비교, 즉 무엇이든 양화하는 습성을 버려야 한다. 농담으로야 새로 산 옷을 놀려줄 수도 있고 새로 산 등산화가 비싼 것이라고 자랑할 수도 있으나 이런 것도 모두 즐거움을 위해 행해져야 한다.

제2부에서 시장주의가 상품화, 추상화를 통해 인간의 삶을 어떻게 위협하는지를 보았다. 그리고 그 힘은 너무 막강해서 체념에서 출발해야 한다는 이야기까지 나왔다. 그런데 이에 대한 대책 중 하나를 바로 가까운 사람들과의 관계에서 찾을 수 있다. 흔히 돈으로 살 수 없는 것들이 가까운 사람들과의 관계에 있다. 산악 동호회의 예로 돌아가면, 산악 동호회도 가입비와 회비라는 돈이 필요하다. 하지만 그 돈은 회의 운영비에 지나지 않는다. 다시 말해서, 오늘 사용한 10만원은 추상화된 돈, 축적된 자본이 아니라 김치찌개, 목살 그리고 막걸리다. 모아

둔 돈도 자본의 논리를 따르는 것이 아니라 회원의 즐거움을 위해 식비나 교통비로 쓰인다. 동호회의 돈은 상품도 아니고 추상화되지도 않는다.

또 결정적으로 동호회는 돈으로 살 수 없다. 어떤 산악 동호회를 돈으로 샀다고 해보자. 그럼 무엇을 할 수 있는가? 회원들을 직원처럼 부릴 수 있는가 아니면 다른 사람에게 되팔 수 있는가. 이 산악회 100만원에 사실 분? 이상하지 않은가. 산악 동호회도 돈이 있어야 운영되지만 앞서 말한 대로 회비의 대부분은 식비나 교통비에 불과하다. 또한 동호회는 어느 한 사람이 소유할 수 없으며 모두의 참여로 운영된다. 의사결정은 민주적으로 이루어지며 모두가 동일한 금액의 회비를 내기 때문에 돈이 권력이 되지 않는다.

시장주의에 맞서기 위해서는 산악 동호회 같은 개인과 사회 사이에서 완충작용을 하는 관계망을 적극 활용해야 한다. 돈으로 살 수 없는 것들, 그리고 돈으로 평가될 수 없는 것들이 바로 가까운 사람들과의 관계다. 돈으로 환산할 수 없기에 돈으로 거래가 되지 않는 영역이 많이 존재할수록 좋은 삶에 가까이 갈 수 있을 것이다.

고립, 즉흥적 쾌락, 가짜 관계, 행복에 대한 집착, 상품화, 추상화 등 민주주의, 개인주의, 시장주의 그리고 공리주의가 낳은 폐해를 가까운 사람들을 통해 어떻게 완화시키거나 해소할 수 있는가를 살펴보았다. 그것은 평등, 공중도덕, 예의였다. 평

범해 보일 수 있고 누구나 다 아는 것일 수 있다. 바로 그 점이
중요하다. 우리는 알고 있으나 아주 중요한 것들을 잊어버리고
있다. 또 잊어버렸기에 지금과 같이 사회와 개인이 직접 대면
하게 된 것이다. 가까운 사람들이란 중간지대가 존재한다는 것
을 잊었기 때문에 모든 문제를 사회문제 혹은 개인문제 아니면
사회와 개인이 함께 풀어야 할 문제로 한정하게 되었다. 가족
의 해체, 독거노인의 증가, 아사자의 발생, 친구 없는 삶, 친척
의 얼굴도 모르는 건조함 등이 가까운 사람들이 잊힌 증거들이
다. 가까운 사람들이 많은 문제를 해결해줄 수도 있다.

　가까운 사람들과의 관계가 좋으면 행복해질 수 있는가? 그
렇다고 할 수 있다. 하지만 앞서 면밀히 살펴본 대로 행복하다
는 것의 의미는 손에 잡히지 않을 뿐 아니라 배후에는 공리주
의가 도사리고 있다. 따라서 행복이라는 이상한 단어보다는 단
순하고 소박하며 명료한 단어를 쓰는 것이 더 좋다. 즉 가까운
사람들과 좋은 관계를 유지하면 흐뭇할 것이고, 기쁠 것이고,
든든할 것이고, 마음에 항상 가득 찬 느낌이 들 것이고, 따뜻할
것이다. 이런 느낌들을 한마디로 표현하면 행복이 되지 않을까?

　행복을 원한다면 행복이라는 말 대신 이 같은 구체적인 말들
을 사용하는 것이 좋다. 또끄빌이 지적한 민주주의 시대의 특
징, 즉 일반적인 관념을 선호하는 현상은 행복을 방해하는 근
본적인 원인이다. 기쁨보다는 행복이 더 일반적인 관념이므로
사람들은 쉽게 행복이라는 일반적인 관념을 사용한다. 일반적

인 관념은 구체적 내용은 빈약하지만 마치 모든 것을 다루는 것 같은 효과를 주기 때문이다. 정치가 어떻고, 경제가 어떻고 이런 식으로 말하는 사람들은 별로 아는 게 없는 경우가 대부분이다. 일반적인 관념은 추상적이고 구체성이 결여되어 있다. 보통은 공허한 말이다. 따라서 가까운 사람들 사이에서 느끼는 기쁨이나 안락함이 공허한 것이 아니라면 일반적인 용어인 행복은 피해야 한다. 행복이라는 추상명사에서 빠져나와 구체적인 기쁨의 언어를 찾아야 한다.

오늘날 세상은 거대한 시장이다.

모든 것을 사고팔고 가격을 매기고

자신의 더 큰 이익을 위해 애쓰는 시대다.

개인이 이런 흐름을 저버리고

자신의 마음을 다스려 행복을 얻는 것이

과연 현실성이 있는가?

상품화, 추상화, 고립, 즉흥적 쾌락,

행복에 대한 집착, 가짜 관계 등에 대해

무엇이 문제이고 원인이 무엇인지를

깊이 생각해야만 한다.

12

좋은 삶을 위한 수행

/

마음대로 되지 않는

마음

/

　나치 독일의 유대인 학살은 널리 알려져 있다. 그런데 그와 같은 상상하기 어려운 학살을 저지른 독일인은 어떤 사람들이었고 어떻게 그런 끔직한 일을 저질렀을까? 이런 의문에 대해 크리스토퍼 R. 브라우닝(Christopher R. Browning)은 당시 폴란드에 투입되어 학살에 가담한 101예비경찰대대 소속 210명에 대한 취조 기록을 연구하여 답을 구했다. 이 작업은 10년에 걸쳐 계속되었다고 하는데 그는 『아주 평범한 사람들』이라는 책에서 다음과 같이 말한다.

101예비경찰대대가 보인 집단행동은 우리를 매우 불안하
게 하는 깊은 함의를 지닌다. 오늘날 인종주의 전통에 물들
고 전쟁과 전쟁 위협 때문에 포위 심리에 사로잡힌 사회들이
많다. 어디서나 사회는 구성원들에게 권위를 존중하고 권위
에 따르도록 가르치며 사실 그렇지 않으면 사회는 거의 기능
할 수 없게 된다. 그리고 어디서나 사람들은 각자의 직업 분
야에서 출세하려고 노력한다. 그런데 모든 근대사회에서 드
러나는 삶의 복잡성과 그로 인해 초래되는 관료화·전문화는
공식적인 정책을 집행하는 사람들에게서 개인적 책임감을
점점 희석시키고 있다. 실질적으로 모든 사회 공동체에서 개
인이 속해 있는 집단은 개인들의 행동에 막강한 영향력을 행
사하며 도덕적인 가치기준을 설정한다. 만약 101예비경찰대
대 대원들이 당시의 조건 아래서 학살자가 될 수 있었다면,
오늘날 유사한 조건이 주어질 때 어떤 집단이 그렇게 되지
않을 수 있겠는가?[1]

물론 브라우닝의 분석은 여러 분석 중 하나다. 같은 자료를
얼마든지 다르게 해석할 수 있다. 하지만 그가 제시한 문제의
중요성은 사라지지 않는다. 즉 사회·조직·관료화·집단의 가치
등 개인을 에워싼 다른 것들의 영향력이 생각보다 훨씬 강하다

제3부 행복을 다시 생각한다

는 사실이다. 당시에도 학살의 현장에서 개인의 선택으로 학살에 참여하지 않을 수 있었고 실제로 그런 선택을 한 사람도 있었다. 그러나 점차 대부분은 학살을 일상사로 받아들이게 되었다고 한다. 이 사람들은 독일이라는 국가 그리고 나치라는 특수한 집단의 지배를 받았으므로 보편적인 경우라기보다는 특수한 경우라고 생각할 수도 있을 것이다. 만약 그렇다면 사회·조직·집단의 영향력을 과대평가할 필요는 없어질 것이다. 하지만 나치의 특징으로 알고 있는 관료화·전문화는 근대 이후 대부분의 국가가 취하고 있는 정부 형태이기에 보편적인 경우라고 보는 게 더욱 합리적이다. 주목해야 할 것은 101예비경찰대대의 경우 그 구성원으로 볼 때 극히 평범하다고 할 수 있고 특별한 사상교육을 받은 적도 없다는 점이다.

101예비경찰대대의 구성원을 보면 하사관 32명 중 22명은 나치 당원이었고 7명은 친위대 소속이었지만, 평범한 대원의 절대다수는 함부르크 출신의 노동자 계층으로 부두노동자, 트럭운전기사가 가장 많았다. 단 2퍼센트만 중산층 전문직이었는데 약사와 교사가 가장 품위있는 직업이었다고 한다. 그리고 대원들의 평균 연령은 39세로 정규군으로 복무하기에는 나이가 너무 많아 예비경찰대에 징집된 것이었다. 이보다 더 중요한 사실은 이들이 "신중한 선발, 지독한 교화교육, 강도 높은 훈련 없이도 학살자가 되었다는 사실"[2]이다. 아주 평범한 사람들이 별다른 교육이나 훈련이 없었는데도 학살자가 되었다는

권위에 대한 복종을 강요하는 사회에서는

무서운 악이 자라날 수 있다.

것이다. 어떻게 가능했을까?

그는 "실험에서 나타난 권위에 대한 복종, 그리고 동료집단의 행동에 참가해야 한다는 동조(同調)의 압박감은 실제 상황과 유사했다. 게다가 이 실험들은 집단 안에서 인간들의 행동에 영향을 주는 동조라는 요소, 그리고 권위에 대한 복종이라는 요소가 학살 행위를 설명하는 데 얼마나 중요한지를 보여주면서 그 과정에 각 대원들의 행동에는 다양한 스펙트럼이 있다는 사실을 밝혀냈다"[3]고 말한다. 권위에 대한 복종과 동조 압박감이 평범한 사람들이 별다른 교육 없이도 학살자가 된 원인이라는 것이다. 동조 압박감에 대해 좀더 자세히 살펴보면 다음과 같다.

왜 그랬을까? 그들은 무엇보다도 자신이 대열에서 이탈하면 단지 "궂은 일"을 다른 동료들에게 미룰 뿐이라고 생각했다. 사실 몇몇 대원이 이탈한다 해도 대대는 그 임무를 수행해야 했다. 그렇기 때문에 사살조 참여 거부는 부대 전체가 함께 불쾌한 의무를 수행해야 하는 작전에서 자신의 몫을 거부하는 것을 의미했다. 이는 결과적으로 이기적인 행위였다. 그러므로 사살에 가담하지 않는 대원은 다른 대원들로부터 고립되고 따돌림당할 각오를 해야 했다. 그런데 만약 누군가 동료들로부터 고립될 경우 그는 점령지에 주둔하며 그것도 적대적인 주민들에 둘러싸여 있는 상황에서 매우 난감한 처지에 처하게 될 수 있었다. 대원들은 서로서로 긴밀하게 의존하며, 실제로 다른 어떤 사회관계도 맺을 수 없었고 어디서도 도움을 받을 수 없었기 때문이다.[4]

권위에 대한 복종과 동조 압박감은 학살 같은 특수한 상황에만 적용되지 않는다는 데 무서움이 있다. 그것은 일반적인 현상이다. 사람의 마음은 권위에 대한 복종과 동조 압박감에 크게 영향을 받는다. 이것을 혼자서 깨고 나가는 것은 고립을 자초하는 것이기에 위험하고 불안하다. 사회생활을 하는 한 조직의 논리와 조직의 요구를 혼자서 거부하기는 실제로 매우 어렵다. 인간의 마음은 행복 상인들이 말하는 것처럼 그렇게 단순하지 않으며 심리학자가 주장하는 대로 조작되지도 않는다.

행복 상인과 심리학자는 마음을 요술 상자처럼 취급한다. 마음을 바꾸면 세상이 달리 보이고 그렇게 하면 인생을 바꿀 수 있다고 주장한다. 요컨대 모든 것은 마음에 달렸다는 것이다. 따라서 긍정적인 자세를 갖고, 감사하며, 남과 비교하지 말라고 권한다. 또 목표를 세우고, 현재를 충분히 만끽하고 음미하며, 남을 용서하라고 말한다. 게다가 집중할 수 있는 마음이 행복이라고 정의하며 몰입을 권하고, 관계를 돈독히 하고, 나누고 베풀라고 말한다. 이 모든 것의 중심에는 물론 마음이 있다. 마음을 어떻게 하느냐에 따라 행복이 결정된다는 것이다. 하지만 학살의 예에서 볼 수 있듯이 이런 마음들을 다 갖추고 있었다 해도 당시 대부분의 사람들은 학살자가 되었을 것이다.

그럼 학살자가 행복했을까? 전혀 그렇지 않았을 것이다. 기쁨이 있었을 리 만무하지 않은가. 행복 상인과 심리학자가 권하는 마음 바꿔먹기와 권위에 대한 복종 그리고 동조 압박감은 전혀 관련이 없다. 학살은 우리의 마음이 자신의 의지대로 움직이지 않는다는 것을 보여준다. 이에 반해 행복 상인과 심리학자는 우리가 마음을 자신의 의지대로 움직일 수 있다고 역설한다. 나는 우리가 마음의 주인이라는 환상에 반대한다.

/

마음의 주인이라는

환상

/

간(肝)이 내 몸속 어디엔가 있다고 하지만, 나는 느끼지 못한다. 그리고 본 적도 없다. 해독작용을 한다고 배웠고 배 속 어디엔가 있다고 들어서 알 뿐 실감은 하지 못한다. 이 간은 어떤 의미에서 내 것인가? 아니면 내 것이 아닌가? 휴대폰이 마음에 들지 않으면 바꾸면 된다. 바지가 너무 크면 줄이면 된다. 내가 소유한 물건은 상당부분 내 마음대로 할 수 있다. 하지만 내 몸은 전혀 사정이 다르다. 간이 어떤 상태인지는 검사를 해봐야 아는데 검사를 해도 정확히 알 수는 없다. 어떤 사람은 6개월

전의 검사에서 아무 이상이 없었는데 증세가 있어 병원에 갔더니 암이라고 한다. 이런 이야기는 흔하다. 암 판정이 나도 자신이 간을 어떻게 할 수 있는 것은 아니다. 자기 마음대로 바꿀 수도 없고 고칠 수도 없다. 의사 처방에 맡겨야 하고 치료 과정을 따라야 하지만 그렇다고 해서 결과가 보장되는 것도 아니다. 간은 내 몸에 있지만 내가 간의 주인이라고 말하는 것은 무리로 보인다. 간은 나에게 접근을 쉽게 허용하지 않고 투명하지 않으며 내 마음대로 움직여주지 않기 때문이다. 그런데 왜 사람들은 마음은 자기 마음대로 할 수 있다고 믿는 것일까?

물론 마음을 100퍼센트 마음대로 할 수 있다고 믿는 것은 아니다. 내 마음을 나도 모르는 경우가 있고 마음먹은 대로 마음이 움직이지 않을 때도 있다는 사실을 사람들은 잘 알고 있다. 현대의 심리학과 정신분석학이 마음이 매우 복잡하게 작동하고 있음을 우리에게 알려주기도 한다. 하지만 우리에게 마음은 간보다는 훨씬 투명하다. 어떻게 변하고 있는지 자신만은 알 수 있다. 즉 개인은 자신의 마음에 접근 가능하다. 내 마음은 나 자신만 알고 있고 나 자신만 접근할 수 있다. 그리고 마음은 간보다는 조작하기 쉬워 보인다. 이렇게 해서 우리의 착각은 시작된다. 마음만 먹는다면 자신의 마음을 바꿀 수 있을 것이라는.

조선의 유학자들은 이런 착각을 하지 않았다. 유학자들은 '수신제가치국평천하'(修身齊家治國平天下)를 실천하는 방법으로 수신(修身)을 출발점으로 삼았다. 수신은 말 그대로 마음과 몸을 닦는 것인데 오늘날 심리학자와 행복 상인이 주장하는 마음 수행과 비교해볼 필요가 있다. 조선의 유학자들은 요즘처럼 자신의 생각과 관점을 바꾸면 된다고 생각하거나, 수많은 처세술 서적이 권하는 대로 단순히 긍정적인 자세를 가지면 된다고 생각하지는 않았다. 스스로의 노력에 의해 마음, 특히 관점과 생각을 바꿈으로써 자기로부터의 혁명을 이루고 긍정적 자세를 갖출 수 있다는 주장과도 거리를 두었다.

유학자들은 마음이 쉽사리 움직이지 않는다는 것을 잘 알고 있었다. 마음은 마음먹은 대로 되지 않으며 내부로부터의 각성이 마음에 미치는 영향이 크지 않음을 받아들였다. 그리하여 그들이 제시한 방법은 예(禮)였다. 예로써 마음을 바꾸게 하고, 마음이 바뀜으로써 수신이 가능하게 하여, 여기에서 제가(齊家), 치국(治國), 평천하(平天下)로 나아가려 했던 것이다.

조선의 유학자들이 예를 강조한 것은 허례허식을 위함이 아니다. 그들이 예를 들고 나온 것은 원대한 사회개혁 프로그램의 일환이었다. 그들은 마음이 예라는 외부 형식에 의존하지 않고는 변화하지 않는다는 것을 알고 있었다. 그럼에도 현대의 행복 상인과 마찬가지로 조선의 유학자도 마음의 일면만 강조한 것은 한계다. 물론 행복 상인은 마음의 안쪽을 그리고 유학자들은 바깥쪽을 강조한 것이 차이점이다.

마음의 일면만을 강조할 때의 문제는 마음의 안과 밖이 우리의 생각처럼 쉽게 구별할 수 없고 또 구분되지도 않는다는 데 있다. 마음이 도대체 무엇인지 알기도 어렵거니와, 안다고 해도 안과 밖을 구별하기 어려울 정도로 서로 영향을 주고받기 때문이다. 마음을 내부의 변화로 바꿀 수 있다고 믿는 것은 너무나 편의적이고 단순하다. 그리고 외부의 영향으로만 바꿀 수 있다고 믿는 것도 지나치다. 마음은 우리의 믿음처럼 안과 밖이 분명하지 않기 때문이다.

뇌가 마음을 관장한다는 것이 현대의 주장이다. 그렇다면 뇌를 변화시킴으로써 마음도 변화시킬 수 있지 않을까 하고 생각할 수도 있다. 이것 또한 분명하지 않다. 마음이라는 것도 결국은 뇌에서 일어나는 물리화학적 현상이라는 데 동의한다 해도, 마음이 곧 뇌의 물리화학적 상태는 아니다. 더운 여름날 시원한 물 한잔을 들이켤 때 나의 뇌에서는 분명 어떤 물리화학적 변화가 일어날 것이다. 그렇다고 해서 내가 느낀 시원함이 곧 어떤 특정한 물리화학적 상태와 동일한 것은 아니다. 내가 느낀 시원함은 시원함이지 뇌의 상태는 아니기 때문이다.

뇌의 물리화학적 상태 없이 마음의 어떤 상태는 없을지라도 그 둘이 반드시 일치하는 것은 아니다. 신호등의 빨간색은 어떤 전기적 상태에 있겠지만 그 전기적 상태가 우리가 느끼는 빨간색이 아닌 것과 같다. 마음이 팔다리보다는 뇌와 밀접한 관련이 있다는 것이 밝혀졌다 해도 마음은 여전히 우리에게는 미지의 세계다. 잘 알려진 바와 같이 기후, 경제, 그리고 뇌는 복잡계의 대표적 영역이다. 아는 것 같지만 실제로는 전혀 그렇지 않은 영역이다.

자신이 마음의 주인이 아니라면 자신의 의지대로 마음을 바꿔 인생을 변화시키는 것은 별로 가능해 보이지 않는다. 아무리 건강에 신경을 써도 어느날 암 진단을 받는 것과 비슷하다. 차라리 유학자들처럼 외부의 변화를 통해 마음의 변화를 유도하는 것이 더 효과적일지도 모른다. 게다가 학살자들의 사례에서 보았듯이 마음은 우리가 생각하는 것만큼 개인적인 것도 아니다. 아무리 마음을 다스린다고 해도 권위에 대한 복종, 동조 압박감은 개인의 영역을 얼마든지 무너뜨릴 수 있기 때문이다.

예를 들어보자. 행복하기 위한 방법에서 빠지지 않는 것이 '비교하지 않기'이다. 이런 이야기는 너무나 많이 들어서 새로울 것이 전혀 없다. 이 권고가 옳다고 하자. 그래서 비교하지 않으려 무척 노력을 한다. 이런 노력은 성공을 거둘까? 물론 그럴 수 있다. 남과 비교하지 않고 자신이 가진 것에 만족하면서 살아가는 사람도 생각보다 많다. 하지만 보통의 경우는 쉽지 않다. 아무리 결심해도 자신의 연봉을 남과 비교하게 되고, 자기 자식이 친구 애들보다 좋은 대학에 다니는 것에 남몰래 자부심을 느끼고, 자신이 동기보다 승진이 빠르다는 것을 자랑스럽게 생각하게 되는 것이 보통이다. 자연스러운 일이다. 이것은 인가 본성에 기인하는 바도 있지만 모든 것을 양화하는 공리주의의 영향이 크며 또한 시장주의의 상품화, 추상화가 크게 영향을 끼친다고 보아야 할 것이다.

연봉, 아파트 평수, 노후 연금 액수, 자녀의 일류대학 입학 여부, 사는 동네, 자신의 키와 몸무게 등 우리는 모든 것을 상품화하고 양화하는 시대에 살고 있다. 이런 외부의 거대한 흐름을 자신의 노력만으로 거스르는 것은 매우 힘들다. 상품화 등은 이미 우리의 일상사다. 텔레비전을 틀기만 하면 상품광고와 마주칠 수밖에 없다. 이제는 간접광고까지 성행하고 있다. 스포츠 스타의 연봉이 얼마인가가 초미의 관심사다. 친구를 만나도 경제 이야기가 빠지지 않는다.

오늘날 세상은 거대한 시장이다. 모든 것을 사고팔고 가격을 매기고 자신의 더 큰 이익을 위해 애쓰는 시대다. 개인이 이런 흐름을 저버리고 마치 외부에서는 아무 일도 없는 것처럼 마음을 다스려서 자기로부터의 혁명을 꾀하는 것이 과연 현실성이 있는가? 나치 학살의 집행자들이 놓인 환경과 지금은 어떤 점에서 다른가? 그들이 권위에 복종했다면 지금의 우리는 여론에 순종하고 있고, 그들이 동조 압박감에 눌려 있었다면 우리는 돈에 깔려 있는 것은 아닌가. 우리는 마음의 주인도 아니지만 그렇다고 손님도 아니다. 따라서 마음을 바꿔서 인생을 바꿔야 한다거나 마음이 시키는 대로 살아야 한다는 주장은 받아들일 수 없다. 받아들인다고 해도 조건이 필요하다.

/

관점을 바꿔도

변하지 않는 것

/

컵에 물이 반이 들어 있는 상태를 두고 두가지 해석이 있다는 것은 너무나 잘 알려져 있다. 하나는 반밖에 없다는 부정적 해석과 다른 하나는 반이나 남아 있다는 긍정적 해석이다. 이 이야기는 우리에게 동일한 상황이라도 어떻게 보느냐에 따라 큰 차이를 낳는다는 것을 알려준다. 긍정적 눈으로 세상을 보면 세상이 긍정적으로 보이고 긍정적으로 보이면 밝은 마음이 들어서 행복하다는 것이다. 하지만 이런 이야기는 순환논리에 빠져 있다. 밝은 마음이 있어야 물이 반이나 남았다는 긍정적 생각을 하게 되고, 긍정적 생각을 하면 밝은 마음이 된다고 말하는 것과 같다.

긍정적인 사람은 처음부터 사태를 긍정적으로 본다. 물론 부정적인 마음을 가진 사람은 부정적으로 볼 것이다. 빨간색 안경을 쓰면 세상이 빨갛게 보이는 것과 같은 이치다. 따라서 긍정적 혹은 부정적이 아니라 있는 그대로 세상을 보면 된다. 사람의 관점과 상관없이 컵에는 물이 반이 있는 것이다. 그뿐이다. 그 이상으로 나아가지 않도록 해야 한다. 더이상 나아가면 순환논리에 빠지기 때문이다. 누가 세상을 비관적으로 보고 싶겠는가. 병이 아니라면 어느 누구도 세상을 부정적으로 보고 싶지는 않을 것이다. 부정적으로 보면 자신의 마음도 부정적으로 변할 수 있는데 누가 그러고 싶겠는가. 문제는 어떻게 밝은 마음을 갖게 되는가이다.

있는 그대로 본다면 문제를 해결할 수 있다. 기온이 35도까지 오르면 덥다. 더울 때 덥다고 느끼는 것이 정상이다. 이럴 때 긍정적으로 생각하여 덥지 않다고 말하는 것이 효과가 있을까. 모든 것이 정신에 달려 있다는 말이 통할까. 아닐 것이다. 배가 고프면 먹어야 한다. 추우면 불을 지펴야 한다. 있는 그대로를 받아들이고 그것을 토대로 무엇인가 해야 하는 것이 상식이다. 억지로 훈련해서 긍정적으로 보는 것은 별로 효과가 없다. 그렇게 해도 여전히 세상은 그대로이고 그대로인 세상을 그대로 보지 못하면 아무런 발전도 기대할 수 없다.

세상이 실제로 행복하다고 하자. 그럴 경우 있는 그대로 보면 마음도 행복해질 것이다. 세상은 불행으로 넘쳐난다. 그렇다면 불행하지 않도록 고쳐야 한다. 불행을 그대로 놔두고 긍정적으로 보라고 하는 것은 더위가 40도까지 치솟았는데 모든 것은 마음에 달렸으니 덥지 않다고 생각하라고 말하는 것과 같다. 물이 반이 있는 것에서 출발해야지 반밖에 없다거나 반이나 남았다는 것에서 출발해서는 외부를 개선할 수 없다. 아무리 긍정적으로 생각해도 물은 반이 있는 것이다. 물이 더 필요하다면 더 부으면 된다. 물이 필요없다면 그만큼 버리면 된다. 세상을 있는 그대로 보고 우리가 필요한 대로 바꾸도록 노력해야 한다. 단순히 마음의 자세를 바꾸고 관점을 바꾼다고 해서 물이 늘어나거나 줄어드는 것은 아니다. 관점을 바꾸어도 세상이 바뀌는 것은 아니다.

행복을 원한다면 행복한 사회를 만들면 되고, 좋은 삶을 원한다면 좋은 사회를 만들면 된다. 그것이 전제조건이다. 행복한 사회, 좋은 사회가 이루어졌는데도 행복한 삶도 좋은 삶도 아니라면 그것은 개인의 문제다. 개인의 관점의 변화만으로, 즉 마음먹기만으로 행복이나 좋은 삶이 이루어진다고 생각하는 것은 잘못이다. 개인을 둘러싼 사회의 변화가 반드시 있어야 한다. 이것은 앞서 우리가 살펴본 바와도 같다. 즉 마음의 안과 밖은 우리가 생각하는 것처럼 명확하지도 않을 뿐 아니라 우리가 마음대로 조작할 수 있는 것도 아니다. 외부의 변화와 내면의 변화가 어떤 관계를 맺고 어떤 인과관계에 있는지에 대해 우리는 잘 모른다. 아마도 앞으로도 잘 모를 것이다. 따라서 마음먹기에 따라, 관점의 변화에 따라 인생이 달라질 수 있다는 말은 하지 말아야 한다. 그것도 필요할지 몰라도 그것만으로 해결된다고 주장하면 잘못이다.

관점을 바꾸는 것이 때때로 실생활에 도움이 되는 경우가 있다. 고부갈등의 경우 시어머니라는 관점을 여자로 바꾸었더니 관계가 좋아졌다고 말하는 사람이 있고, 자식을 자식이라고 생각하지 않고 성인이라고 생각하니 자식과의 관계가 회복되었다고 하는 사람도 실제로 많이 있다. 이런 사례들을 보면 관점을 바꾸는 것이 마음을 바꾸게 해서 관계를 변화시키는 것이 사실이 아닌가 하는 생각이 든다. 사실일 것이다. 하지만 좀더 주의해서 보아야 한다. 관점을 바꾼 것이 아니라 못 보던 면을 보게 되었다는 것이 정확한 표현이다. 시어머니가 여자로 바뀐 것이 아니라 원래부터 시어머니는 여자였다. 시어머니라고 불리는 이 존재는 인간이며 여자이며 누구가의 딸이며 또한 누군가의 어머니다. 그리고 자신에게는 시어머니이기도 하다. 여러 관점에서 이 존재를 묘사할 수 있다.

우리가 관점을 바꾼다고 알고 있는 것은 흔히 말하듯 부정에서 긍정으로 생각을 바꾼다는 것이 아니라 자신이 주목하지 못했거나 안 했던 면을 끄집어낸다는 뜻으로 이해해야 한다. 관점의 변화는 있는 그대로의 세상을 보고 그 안에서 발견한 여러가지 사실 중 어느 것을 택하느냐와 관련된 문제라는 의미이다. 관점을 바꾸는 것은 마음속에서 일어나야지, 마음 밖의 세계에 새로운 사실을 만들어내는 것이 아니다. 미처 주목하지 못했던 점을 발견하는 것이다. 물론 새로운 관점의 발견이 놀라운 마음의 변화를 일으킬 수 있다. 그리고 못 봤던 것을 다시 보게 된 것을 관점의 변화라고 말할 수도 있다. 하지만 세상은 관점의 변화와 상관없이 여전하다. 세상에 변화가 생긴 것은 없다는 뜻이다.

마음의 변화와 세상의 변화는 논의한 바와 같이 어느 쪽의 영향력이 큰지 알 수 없을 정도로 서로 얽혀 있고 경계도 확실

제3부 행복을 다시 생각한다

하지 않다. 따라서 관점의 변화 못지않게 아니 그 이상으로 사회적 평등, 공동의 부, 공중도덕, 예의 등의 과제 해결이 중요하다는 것을 알 수 있다. 마음을 바꾼다고 해서 세상이 바뀌는 것은 아니며 좋은 삶의 충분조건이 마련되는 것도 아니다.

/

더 나은 사람이

되는 방법

/

환경이 좋으면 개인의 삶도 좋아질 가능성이 훨씬 높다. 평등과 공동의 부, 공중도덕과 예의는 환경이다. 그러나 사회가 평등, 공동의 부를 갖추고 가까운 사람들이 공중도덕, 예의를 지킨다고 해도 개인이 수행하지 않으면 좋은 삶은 이루어질 수 없다. 마음이 아무리 안과 밖의 경계가 모호하다 해도 자신의 마음을 닦지 않고는, 아무리 좋은 환경을 갖추고 있다 해도 좋은 삶을 영위하기 어렵다.

텔레비전 화면을 생각해보자. 방송국이 화질 개선을 위해 최선을 다한다고 해도 내가 가진 텔레비전 화면이 때가 끼고 손질이 되어 있지 않다면 무슨 소용이 있겠는가. 그렇다고 텔레비전 화면을 빛이 나도록 닦아도 방송국에서 보내는 화질이 엉망이라면 모니터를 깨끗하게 닦을수록 화면에 비친 상(像)은 더 또렷하게 엉망으로 나올 것이다. 따라서 방송국도 집의 텔레비전도 최상의 상태를 만들고 유지해야 한다. 마음도 이와 같다.

그런데 앞서 본 바와 같이 마음은 자신의 것이 아니다. 자기 마음대로 할 수가 없다. 그렇다고 방치할 수도 없다. 좋은 삶을 비롯한 모든 의식은 마음에 나타나기 때문이다. 그 마음을 마음대로 할 수는 없지만 그렇다고 우리가 무기력한 것도 아니다. 노력을 하면 어느정도의 변화를 줄 수도 있다. 최소한 이렇게 믿고 싶은 것이다. 이러한 마음조차 뇌의 작용이라고 한다면 할 말이 없겠지만, 미국의 철학자 도널드 데이비슨(Donald Davidson)이 주장한 대로 모든 것이 물리적 사건이라 해도 그것을 구현하는 심리적 기술은 다양할 수 있기에 우리의 자유의지가 보장될 수도 있다.[5] 이 문제는 아직 진행 중이며 우리가 로봇과 전혀 다르지 않다는 것이 증명될 때까지 우리는 어느정도 마음의 문제에 개입할 수밖에 없다.

문제는 마음을 다스리는 것이 심리학이나 행복 지침서 몇권 혹은 단기간의 템플스테이로 해결되지 않는다는 점이다. 작심삼일이라는 말이 증명하듯이 이미 수많은 사람들이 마음 다스리기에 도전했고 또 실패했다. 웬만큼 애써서 될 일이 아니라는 것을 누구나 다 알고 있다. 따라서 우리가 택할 길은 꾸준히 정진하는 것밖에 없다. 쉽게 조작할 수도 없고 단기간에 해결되지도 않는 문제라면 꾸준히 포기하지 말고 목표를 향해 나아가는 길밖에 없다.

　그런데 그 목표를 행복이라고 단정지어서는 안 된다. 행복이 목표라면 수행을 하지 않아도 된다. 행복하기 위해서라면 꾸준히 정진하는 것이 아니라 행복의 조건을 충족하면 될 일이다. 행복의 조건은 앞서 이미 여러 차례 나왔다. 감사하기, 관점 바꾸기, 비교하지 않기, 목표 세우기, 음미하기, 관계를 돈독하게 하기, 용서하기, 몰입하기, 나누고 베풀기 등이 대표적인 행복의 조건이다. 그런데 이 조건들은 상호 독립적이다. 몰입하기와 나누고 베풀기는 아무 관련이 없고, 비교하지 않기와 용서하기도 직접적으로 관련이 있다고 보기는 힘들다. 각각은 독립적인 조건들이다. 따라서 행복하려면 이 모든 조건을 만족시켜야 한다. 한가지를 만족시킨다고 해서 다른 조건을 만족시키는 것이 아니기에 이 모든 조건을 만족시켜 행복해지려면 꽤나 부지런해야 할 것이다.

　이런 조건을 만족시키는 것에는 두가지 방향이 있을 수 있다. 하나는 동시에 모든 조건을 만족시키기 위해 애쓰는 것이다. 몰입하기도 하고 관점 바꾸기도 하고 용서하기도 하는 식이다. 다른 하나는 한가지를 만족시킨 후 다른 것으로 옮겨가는 방법이다. 관계를 돈독하게 하기를 마친 후 이제 됐다고 판단되면 몰입하기를 시행하는 것이다 어느 쪽을 택해도 쉽지는 않을 것이다. 유지의 문제 때문이다.

　예를 들어 용서하기에 성공했다고 하자. 그래서 비교하지 않기를 시도한다. 그것도 성공했다. 문제는 여전히 용서하기가 유지되고 있느냐이다. 앞서 말한 대로 마음은 자신의 뜻대로 조작되지 않는다. 용서하기가 잘 작동하지 않을 가능성이 얼마든지 있다. 만약 한두개를 제외하고 모든 조건을 만족시켰을 시점에 과연 몇가지 조건이나 유지되고 있을까? 계속 유지하기 위해 서로 관련이 없는 조건들을 개별적으로 끊임없이 관리해야 할 것이다.

동시에 모든 조건을 만족시키기 위해 노력한다 해도 달라질 것은 없다. 어쨌든 진도가 나간 것은 그 정도를 유지해야만 다음 노력으로 더 진도를 나갈 수 있으니까. 행복에 이르는 길은 고단하고 위태롭다. 성공 가능성도 별로 없어 보인다. 앞서 언급한 조건 중 하나라도 성공하기가 쉽지 않다. 나누고 베풀기를 평생에 걸쳐 실천하는 것이 얼마나 어려운 일이겠는가. 관계를 돈독하게 하기나 용서하기는 더 어려워 보인다.

같은 구기 종목이라도 축구와 야구는 다르다. 골프와 탁구도 물론 크게 다를 것이다. 축구, 야구, 골프, 탁구 모든 종목에서 다 잘하는 것은 거의 불가능에 가깝다. 종목이 열개쯤 된다면 포기하는 것이 낫지 않을까. 행복의 조건을 충족시키려는 노력은 이와 같다. 이에 비해 수행은 근본적으로 한가지만을 목표로 하고 그 방법도 훨씬 단순하다. 물론 쉬운 것은 아니다. 하지만 노력한 만큼의 성과를 거둘 수는 있다.

수행은 대개 더 나은 사람이 되는 것을 목표로 삼는다. 더 나은 사람이란 무엇인지 분명하지 않다. 하지만 우리는 알고 있다. 자신보다 더 나은 사람을 만나면 그가 자신보다 더 나은 사람이라는 것을. 어떤 사람을 만났을 때 그 사람이 자신보다 착하다고 느꼈다면 그 사람보다 자신은 착하지 않은 사람이라고 생각한다. 다른 사람과의 비교에서뿐만 아니라 자신의 과거와 현재를 돌아볼 때도 마찬가지다. 옛날보다 지금이 더 나은 사람인지 아닌지 자신은 알고 있다. 더 나은 사람이 되는 데에 돈과 명예, 권력이 크게 중요하지 않다는 것도 사실은 알고 있다. 자신이 껍데기로서 세상에 더 알려지고 있으나 사실은 더 퇴락하고 있다는 것을 자신은 안다는 것이다.

좋은 사람의 정의는 어렵지만 더 나은 사람은 남과 자신에게 전혀 낯설지 않다. 어제보다 더 나은 인간이 되기 위해 우리는 수행을 한다. 수행의 끝에 무엇이 있는지 모른다. 있다면 마지막 날 역시 그 전날보다 나은 인간이면 되는 것이다. 수행의 목표는 더 나은 인간이 되는 것이지 무엇을 완료하거나 무엇에 성공하는 것이 아니기 때문이다.

수행은 여러가지 방식으로 행해진다. 정해진 목록이 없다는 것이다. 산 속에 들어가야지만 수행을 하는 것도 아니고 계율만 지킨다고 해서 수행을 하는 것도 아니다. 그런 것들은 수행외 한 방식일 뿐이다. 수위 속세라는 곳에서 수행을 하는 것이 보통의 일이다. 어디에서 어떤 방식으로 하든지 상관없이 더 나은 사람이 되도록 노력하는 것이 수행이라고 해도 공통적으로 지키고자 애쓰는 것이 있게 마련이다. 인간의 마음은 크게 다르지 않기 때문이다.

수행에서 공통적으로 행하는 것이 있다면 아마도 절제가 아닐까 한다. 욕심을 없앨 수는 없으니 욕심을 줄이려고 하고, 세상사 마음대로 할 수는 없으니 현실을 인정하고 받아들이려 하는 것과 마찬가지로, 수행도 마음대로 되지 않으니 단번에 이루려고 욕심을 내기보다 단지 어제보다는 더 나은 인간이 되기를 바라야 한다. 이런 자세로 임하는 것이 절제가 될 것이다. 물론 이것도 모든 수행에 나타나는 것은 아닐지 모른다. 수행은 각자의 기질과 개성 그리고 처한 환경에 따라 그 모습과 내용이 달라지기 때문이다. 하지만 적어도 자신을 절제하는 것은 피할 수 없는 수행의 요소다.

고행만이 수행인 것은 아니다. 수행을 위해 모든 사람이 일부러 바늘방석 위에 앉을 필요는 없다. 고행은 누가 보아도 고통스러운 일이나 과정을 겪으려 하는 것이기에 눈에 띄게 마련이다. 육체에 시련을 가하고 단련함으로써 마음을 닦으려는 것으로 보이는데 물론 효과가 있을 수 있다. 앞서 본 바와 같이 외부, 특히 몸을 통해 마음의 변화를 일으키려는 시도는 유사 이래 줄곧 있어왔고 고행은 그중 정도가 심한 것뿐이다. 고행과 달리 내가 말하려는 수행은 내면에서 소리 없이 진행된다. 지금이 어떤 시대인지를 읽고 그에 대처한다. 머리도 함께 움직이는 것이다. 상품화, 추상화, 고립, 즉흥적 쾌락, 행복에 대한 집착, 가짜 관계 등에 대해 무엇이 문제이고 원인이 무엇인지를 생각해야만 한다. 우리의 마음에 짐이 되고 더 나은 인간이 되는 것을 방해하는 요소들이기 때문이다. 이런 문제들의 본질에 대해 성찰을 거듭하지 않을 수 없다. 이런 과정이 고행처럼 겉으로 드러날 리가 없다. 생각이 진행되고 고민이 깊어지고 다시 출구를 모색하고 이런 과정은 내부에서 소리 없이 힘들지만 한걸음 한걸음씩 진행된다. 때로는 뒤로도 가고 비틀거리기도 하며 주저앉기도 하지만 다시 일어나 앞으로 나아가는 것이 수행이다.

에필로그

행복한 삶에서 좋은 삶으로

3분의 1

원칙

/

전통적인 행복관은 행복이 개인의 마음 안에 있거나 밖에 있다는 이분법을 따르고 있다. 하지만 우리는 이 책에서 개인과 사회의 이분법으로는 행복을 찾기 어렵다는 사실을 확인했다. 행복은 마음 안에만 있는 것도 아니고 밖에만 있는 것도 아니다. 오히려 '그 사이'에 있을 수도 있다. 수많은 행복 관련 책과 행복 전문 강사들은 '그 사이'를 '관계'라는 말로 표현해왔다.

그런데 관계라는 것은 그 자체로는 의미를 지니지 못하는 말이다. 관계는 자신이 노력해서 얻어야 하는 결과이거나, 사회 혹은 누군가 맺어주어야 하는 추상적인 개념이다. 그래서 나는 관계 대신 '이웃'이라는 말을 사용했다. 이웃은 실체가 분명한 사람으로서, 나의 행복에 직접적인 영향을 끼치는 주체라는 의미를 담을 수 있기 때문이다.

이 책에서 나는 행복의 구성단위가 개인(자신), 이웃(가까운 사람들), 사회라고 주장했다. 그리고 각 구성단위에 필요한 것이 무엇인지를 집중적으로 살펴보았다. 이러한 나의 주장에 이름을 달자면 '3분의 1 원칙'이라고 말할 수 있는데, 이슬람의 희생절을 참고하였다.

희생절(이둘 아드하)은 매해 성지순례가 끝나는 이슬람력 12월 10일부터 시작하여 보통 3일간 쉰다. 희생물은 양이 가장 보편적이다. 본래 양은 한 사람당 한 마리, 낙타와 소는 7명당 한 마리씩 잡기로 되어 있으나 지금은 집집마다 양 한 마리 정도로 잡는다. 잡은 고기의 3분의 1은 본인이 쓰고, 3분의 1은 가까운 사람들에게, 나머지 3분의 1은 어려운 사람들에게 나누어주게 되어 있다.[1]

요점은 자신, 가까운 사람, 어려운 사람들에게 3분의 1씩 나누는 것이다. 나는 이것을 좋은 일에 응용하려 한다. 즉 어떤 일이 좋은 일이 되려면 자신, 가까운 사람(가족, 친구, 친척 등) 그리고 어려운 사람(모르는 사람들, 즉 사회)에게 골고루 좋아야 한다는 것이다. 물론 일에 따라 그리고 형편에 따라 예외가 있을 것이다. 예를 들어 대통령의 권력은 사회를 좋은 방향으로 만드는 데 쓰여야지 자신이나 가까운 사람을 기분 좋게 하는 데 사용되면 안 되지 않겠는가. 대통령의 권력은 국민에게 위임받은 것이기 때문이다. 국민의 것이기에 국민에게 돌려줘야 옳다. 자신이나 가까운 사람을 위해 사용한다면 권력 남용이고 사유화에 해당된다. 이러한 경우를 제외하고는 3분의 1 원칙은 어디에나 적용될 수 있다. 복권에 당첨되었을 때에도 당첨금의 3분의 1은 자신을 위해, 3분의 1은 가족과 친구 그리고 친척을 위해 그리고 나머지 3분의 1을 사회를 위해 기부한다면 이민을 갈 필요도 없고 직장을 그만둘 이유도 없을 것이다. 오히려 나눠준 사람은 많은 사람의 감사와 칭송을 받으며 주변 사람들과 함께 잘살 수 있을 것이다.

/

나와 주변을 모두

행복하게 하는 법

/

3분의 1 원칙은 좋은 일을 판별하는 기준이 되기도 하지만 동시에 좋은 삶의 조건으로 쓰일 수 있다. 즉 좋은 삶의 조건을 탐색할 때 자신, 가까운 사람, 사회에 좋아야 한다는 기준을 적용할 수 있다는 뜻이다. 예를 들어 획일성이 아니라 개성을 추구해야 행복해질 수 있다고 하자. 그렇다면 개성 추구가 누구에게 좋아야 하는가 하는 문제는 단순히 자신에게만 좋은 경우에 머물면 안 된다. 개성 추구가 자신은 물론이고 가까운 사람 그리고 사회에도 도움이 되어야 한다. 이처럼 어떤 일이 있다면 항상 세가지 차원에서 고찰해야 한다는 것이다.

우리는 흔히 행복은 관계에 있다고 말한다. 그런데 관계를 맺는 대상은 누구인가? 친구, 가족, 친척, 그리고 가까이 사는 사람들이다. 행복이 관계에 있다면 사회와의 관계를 말하는 것은 아닐 것이다. 많은 보고서가 가까운 사람들과의 관계가 인간의 행복에 미치는 영향이 크다는 것을 보여주고 있다고 해도 이것으로 충분하지는 않다. 사람은 사회와 관계 맺지 않을 수 없기 때문이다. 지하철에서 부딪치는 많은 사람들은 분명 가까운 사람은 아니다. 하지만 그들과 어떤 관계를 유지하고 형성해야 하는가는 나의 하루 기분과 매우 밀접한 관련이 있으며, 불쾌한 기분이 쌓이면 장기적으로는 스트레스의 원인이 된다. 따라서 어떤 일이든 이 세가지 면을 살피지 않으면 안 된다.

나는 3분의 1 원칙을 적용하면서 개인에게는 수행을, 가까운 사람들에게는 예의를 그리고 사회에는 평등과 공동의 부가 필요하다고 말했다. 그런데 우리 주변에서 흔히 들을 수 있는 행복론은 이것들 중 어느 하나라도 필요하다고 말하고 있는가? 그렇지 않다. 모든 것을 개인적 차원으로 환원하고 사적인 관계의 중요성만 강조하고 있는 실정이다. 긍정적 사고, 감사하기, 비교하지 않기, 나누고 베풀기 등을 요구하고 있지 않은가. 이런 덕목들은 수행에 넣어도 충분할 것이다. 수행은 절제를 바탕으로 하기 때문에 이 정도의 덕목은 자연스럽게 처리될 수 있기 때문이다.

/

좋은 삶을

위하여

/

떨쳐버리기 힘든 행복에 관한 잘못된 믿음 중 하나는 자신이 먼저 행복해야 세상을 행복하게 만들 수 있다는 것이다. 자기도 행복하지 못한데 다른 사람이나 사회를 행복하게 할 수도 없을뿐더러, 모든 사람들이 각자 행복해져서 주변을 행복하게 만들면 결과적으로 사회 전체가 행복해질 수 있을 것이라는 주장은 그 자체로 꽤 매력적이다.

그런데 개인의 행복이 우선이라는 말에는 맹점이 있다. 세상의 모든 사람이 자신이 먼저 행복해지도록 하는 데는 아주 많은 시간이 필요하다. 사람은 좀처럼 행복해지지 않으므로 행복해지는 데 시간을 쏟다보면 세상을 행복하게 할 시간은 아마도 남지 않을 것이다. 이런 식으로는 행복해질 수 없다. 물은 수소와 산소의 적정 비율 결합에 의해 만들어진다. 수소 홀로 아무리 노력해도 물이 될 수 없다.

나는 이 책에서 우리 삶의 목표가 행복이 아니라 좋은 삶이어야 한다고 주장했다. 즉 행복에서 벗어나 좋은 삶으로 방향을 재설정해야 한다고 말했다. 이 책에서 말하는 좋은 삶이란 3분의 1 원칙을 따르는 삶이다. 개인의 행복만을 추구하는 것이 아니라 이웃과 사회의 행복까지를 생각하는 삶을 의미한다. 행복은 자신, 이웃, 사회가 적절한 역할을 하면서 생겨나는 것이며, 그 결과로 자신, 이웃, 사회가 모두 행복해지는 것이라는 사실을 이해한다면 좋은 삶으로 나아가는 길은 그리 멀지 않을 것이다.

주

프롤로그 행복이라는 거짓말

1 조지프 스티글리츠·아마르티아 센·장 폴 피투시 『GDP는 틀렸다』, 박형
준 옮김, 동녘 2011, 65~69면.

제1부 행복이라는 이상한 이름

1장 잡다한 행복 상인들

1 리처드 스코시 『행복은 어디에 있는가』, 정경란 옮김, 문예출판사 2008,
8~9면.
2 같은 책 9~10면.
3 에릭 와이너 『행복의 지도』, 김승욱 옮김, 웅진지식하우스 2008, 62면.
4 같은 책 10~11면.

2장 우리는 언제부터 행복을 원했을까

1 가와이 하야오·나카자와 신이치 『불교가 좋다』, 김옥희 옮김, 동아시아

2004, 135~36면.

2 대린 맥마흔 『행복의 역사』, 윤인숙 옮김, 살림 2008, 28~29면.

3 Bentham, J., *An Introduction to the Principles of Morals and Legislation*. in Works of Jeremy Bentham, Vol. 1 (Bristol: Thoemmes Press 1995), 1면; 서양근대철학회 엮음 『서양근대윤리학』, 창비 2010, 297~98면에서 재인용.

4 Bentham, J., 같은 곳; 서양근대철학회 엮음 『서양근대윤리학』 293면에서 재인용.

5 Mill, J. S., *Autobiography of John Stuart Mill* (New York: Columbia University Press, 1924), 100면; 리처드 스코시 『행복은 어디에 있는가』 67 면에서 재인용.

6 서양근대철학회 엮음 『서양근대윤리학』 299~300면.

3장 행복이라는 이상한 개념

1 Saint-Just, "Rapport au nom du comité de salut Public sur les factions de l'étranger", 23 Ventôse an Ⅱ (1794.3.13), in *Oeuvres complétes*, 729~30면; 대린 맥마흔 『행복의 역사』 357면에서 재인용.

2 Jean-Jacques Rousseau, *Reveries of a Solitary Walker*, trans. and intro. Peter France (New York: Penguin 1979), 87~88면; 대린 맥마흔 『행복의 역사』 322면에서 재인용.

3 대린 맥마흔 『행복의 역사』 311면. 본문 중 인용문의 원출처는 La Mettri, *L'Anti-Sénèque, ou Discours sur le bonheur*, in *Oeuvres*, 2:263, 2:286.

4 Immanuel Kant, *Groundwork for the Metaphysics of Morals*, trans W. Ellington (Indianapolis: Hackett 1981), 8~9면; 대린 맥마흔 『행복의 역사』 341면에서 재인용.

5 대린 맥마흔 『행복의 역사』 6면.

6 서울대학교 행복연구센터 『행복교과서』, 주니어김영사 2011, 14면.

7 대린 맥마흔 『행복의 역사』 515면.

8 에릭 와이너 『행복의 지도』 476~77면.

9 대린 맥마흔 『행복의 역사』 6면.

제2부 행복 신화를 만든 것들

4장 왜 모두 행복을 추구하는가

1 대린 맥마흔 『행복의 역사』 362면.

2 같은 책 31~32면.

3 서양근대철학회 엮음 『서양근대윤리학』 314면.

4 엠마뉘엘 르루아 라뒤리 『몽타이유』, 유희수 옮김, 길 2006, 667면.

5 마리우스 B. 잰슨 『현대일본을 찾아서』, 김우영·강인황·허형주·이정 옮김, 이산 2006, 1034면, 1040면.

6 가와이 하야오·나카자와 신이치 『불교가 좋다』 138~39면.

5장 민주주의의 함정

1 알렉시스 드 토크빌 『미국의 민주주의』, 임효선·박지동 옮김, 한길사 1997, 571면.

2 같은 책 573면.

3 같은 책 571면.

4 같은 책 579면.

5 조지프 슘페터 『자본주의·사회주의·민주주의』, 변상진 옮김, 한길사 2011, 445~46면.

6 알렉시스 드 토크빌 『미국의 민주주의』 607~08면.

7 같은 책 578면.

8 에릭 와이너 『행복의 지도』 10면.

9 알렉시스 드 토크빌 『미국의 민주주의』 588~89면.

10 제임스 우드 『소설은 어떻게 작동하는가』, 설준규·설연지 옮김, 창비 2011, 235면.

6장 거대한 사회와 외로운 개인

1 알렉시스 드 토크빌 『미국의 민주주의』 669면.

2 같은 책 667~68면.

3 카를로 긴즈부르그 『치즈와 구더기』, 김정하·유제분 옮김, 문학과지성사 2001, 75면.

4 알렉시스 드 토크빌 『미국의 민주주의』, 577면.

5 Mill, J. S. *Utilitarianism*, in *Great Books of the Western World*, Vol. 40, Encyclopedia Britannica, Inc., 453면; 서양근대철학회 엮음 『서양근대윤리학』 306면에서 재인용.

6 대린 맥마흔 『행복의 역사』 351~52면.

7 노스럽 프라이 『비평의 해부』, 임철규 옮김, 한길사 2000, 108면.

8 데릭 젠슨 『거짓된 진실』, 이현정 옮김, 아고라 2008, 159면.

7장 시장이 삼킨 행복

1 칼 폴라니 『거대한 전환』, 홍기빈 옮김, 도서출판 길 2009, 243면.

2 마르셀 모스 『증여론』, 이상률 옮김, 한길사 2002, 251면.

3 데릭 젠슨 『거짓된 진실』 369~70면.

4 같은 책 501면.

5 칼 폴라니 『거대한 전환』 319~20면.

6 데이비드 하비 『자본이라는 수수께끼』, 이강국 옮김, 창비 2012, 41면.

7 같은 책 40~41면.

8 칼 폴라니 『거대한 전환』 348~49면.

9 마르셀 모스 『증여론』 267면.

10 같은 책 267~68면.

11 데이비드 하비『자본이라는 수수께끼』70~71면.

12 마르셀 모스『증여론』250면.

13 김용선 편주『코란』, 명문당 2002, 85면 2:264.

14 칼 폴라니『거대한 전환』604면.

8장 인간은 단순하지 않다

1 존 스튜어트 밀,『공리주의』, 서병훈 옮김, 책세상 2007, 41면.

2 같은 책 25면.

3 같은 책 18면.

4 같은 책 24면.

5 같은 책 42면.

6 마르셀 모스『증여론』220면 53a.

7 존 스튜어트 밀,『공리주의』27면.

8 같은 책 51면.

9 같은 책 52면.

제3부 행복을 다시 생각한다

9장 평등 없이 행복 없다

1 한나 아렌트『혁명론』, 홍원표 옮김, 한길사 2004, 99면.

2 같은 책 97면.

3 같은 책 98면.

4 같은 책 98면.

10장 공동의 부가 토대인 사회

1 마르셀 모스『증여론』270면.

2 같은 책 282면.

3 한나 아렌트『혁명론』113~14면.

4 마르셀 모스『증여론』272면.

5 Max Weber, *The Protestant Ethic and the Spirit of Capitalism*, trans. Talcott Parsons (New York: Charles Scribner's Sons 1976) 181~82면; 대린 맥마흔『행복의 역사』479면에서 재인용.

6 대린 맥마흔『행복의 역사』524면.

7 존 스튜어트 밀『공리주의』42면.

8 같은 책 43~44면.

9 존 스튜어트 밀『공리주의』46면.

11장 예의가 우리를 구한다

1 서울대학교 행복연구센터『행복교과서』120~21면.

2 같은 책 40면.

3 같은 책 40면.

12장 좋은 삶을 위한 수행

1 크리스토퍼 R. 브라우닝『아주 평범한 사람들』, 이진모 옮김, 책과함께 2010, 281~82면.

2 같은 책 7면.

3 같은 책 8면.

4 같은 책 275~76면.

5 Donald Davidson, 'Mental Events' in *Essays on Actions & Events* (Oxford University Press 1982)

에필로그 행복한 삶에서 좋은 삶으로

1 정수일『이슬람문명』, 창비 2002, 290면.

행복 스트레스

행복은 어떻게 현대의 신화가 되었나

초판 1쇄 발행 / 2013년 5월 30일
초판 7쇄 발행 / 2016년 10월 18일

지은이 / 탁석산
펴낸이 / 강일우
책임편집 / 윤동희
펴낸곳 / (주)창비
등록 / 1986년 8월 5일 제85호
주소 / 10881 경기도 파주시 회동길 184
전화 / 031-955-3333
팩시밀리 / 영업 031-955-3399 편집 031-955-3400
홈페이지 / www.changbi.com
전자우편 / nonfic@changbi.com